Voyages
sans retour...
parfois

Des nouvelles de ce recueil n'en sont pas à leur première publication.

«Après-midi d'octobre dans un jardin exquis» est paru dans *Solaris,* n° 102, 1992.

«Des crocus pour éveiller Cécile» est paru dans *XYZ,* n° 31, 1992, sous le titre «La petite fille morte».

«L'argile» est paru dans *Éloizes,* n° 18, 1992.

«Voyage au fond d'un puits» est paru dans *Concerto pour huit voix,* Éditions d'Acadie, 1989.

«Iris» est paru dans *Châtelaine,* novembre 1978.

Évelyne Foëx

Voyages
sans retour...
parfois

éditions d'acadie

L'éditeur désire remercier la Direction des arts du Nouveau-Brunswick et le Conseil des arts du Canada pour leur contribution à la réalisation de ce livre.

Données de catalogage avant publication (Canada)

Foëx, Évelyne, 1947-
    Voyages sans retour... parfois

ISBN 2-7600-0261-6

1. Nouvelles canadiennes-françaises—Nouveau-Brunswick. 2. Roman canadien-français—20e siècle.   I. Titre.

PS8561.037V69   1994   C843'.0108054   C94-900532-0
PR9199.3.F64V69 1994

Conception de la couverture : Claude Guy Gallant
Illustration de la couverture : Jocelyne Doiron
Mises en pages : Claude Guy Gallant
Photo de l'auteure : Jacques Boudreau

ISBN 2-7600-0261-6

© Les Éditions d'Acadie, 1994
    C.P. 885
    Moncton, (N.-B.)
    E1C 8N8
    Canada

DESTINATIONS INCERTAINES

Le ballet des noyés

Les courants marins autour de l'île ramenaient les corps des noyés tous les jours à la même heure. Quand le soleil commençait à monter dans le ciel, Éric gagnait la falaise et guettait leur arrivée. Le courant, paresseux, s'intensifiait et le flot rapide entraînait les corps, longeant la côte. Le jeune pêcheur descendait alors sur la grève et escaladait les rochers pour mieux les observer, étranges esquifs humains naviguant entre deux eaux, leur face pâle tournée vers le ciel, les yeux grands ouverts. Éric les reconnaissait au passage, comme des voyageurs familiers. Certains jours, le courant apportait un nouveau corps; alors le garçon épiait l'arrivée de sa sœur pour lui crier la nouvelle. Quelquefois Laetitia rejoignait Éric au pied de la falaise et ils assistaient ensemble au défilé des noyés. Puis Laetitia grimpait sur les rochers et levant les yeux vers le large, elle s'absorbait dans la contemplation de l'horizon. Peut-être à force de fixer du regard la ligne imperceptible qui séparait l'océan du ciel, avait-elle fini par discerner la lisière d'une autre terre qui existait dans le lointain.

Un jour, un nouveau corps apparut parmi le cortège des navigateurs silencieux. C'était une noyée que les vagues berçaient au large et le garçon, dressé sur les rochers, ne put qu'admirer à distance sa grâce de fleur marine abandonnée au courant, les cheveux ondoyant comme une masse d'algues sombres. Les lambeaux de ses vêtements flottaient autour de son corps, lui donnant une apparence presque immatérielle. Le lendemain, Éric retourna sur la falaise. Le flot apporta la belle noyée avec les autres corps. Elle s'était rapprochée de la côte et le courant l'en rapprocha encore le surlendemain, comme s'il lui faisait décrire autour de l'île des cercles concentriques de plus en plus petits. Éric put ainsi contempler son teint d'ivoire et la perfection des traits de son visage tourné vers le ciel. Ses prunelles en reflétaient la lumière et la couleur changeante, tantôt grises, tantôt bleues. Le garçon se mit à rêver que la belle ondine, dans son lent ballet aquatique autour de l'île, viendrait à s'échouer entre ses bras; et il attendait ce moment, avec fièvre. La noyée glissa un jour si près de la côte qu'Éric plongea pour la saisir. Il lutta quelques instants contre le courant qui l'entraînait avec elle puis parvint à gagner la rive. Le corps de Noua (c'était le nom que lui avait donné Éric) paraissait, étendu sur le sable de l'anse, plus lourd et figé que lorsqu'il dansait sur les vagues; ses cheveux noirs s'étaient enroulés autour de son cou comme une tresse d'herbes marines et ses vêtements collaient à sa peau, modelant ses formes harmonieuses. Ses yeux couleur de mer avaient un éclat minéral.

Éric courut vers la chaloupe amarrée près des rochers, l'emplit d'eau puis il souleva la noyée dans ses bras. Le poids de la chair passive et nacrée le troubla. Il déposa le corps dans l'embarcation, l'immergeant avec précaution et dénoua ses cheveux dont il respira l'odeur salée. Les jambes blanches de Noua étaient lisses comme des coquillages polis.

Il se passa quelques jours avant que Laetitia découvrît le corps dans la coque balancée par les vagues et elle resta à le contempler, le cœur lourd d'inquiétude.

Éric se mit à passer de longues heures sur le rivage, ne pêchant presque plus. Il avait réparé sommairement un vieux canot qui prenait l'eau, mais répugnait à s'éloigner de la côte, craignant, peut-être, de retrouver vide à son retour la barque où reposait Noua. Les autres noyés continuaient leur ronde immuable autour de l'île tandis que Noua, captive dans l'eau dormante, voyait s'altérer sa beauté. Sa peau d'albâtre perdait son éclat, ses cheveux verdissaient et ses prunelles s'étaient ternies. Laetitia s'en alarma et elle supplia son frère de la rendre à la mer : «son corps a besoin des vagues», dit-elle. Mais Éric ne pouvait se résoudre à se défaire de Noua. Laetitia convainquit alors son frère qu'ils avaient besoin d'une chaloupe neuve pour la pêche et elle envoya Éric à l'autre bout de l'île pour couper du bois destiné au nouveau canot.

À contre-cœur, le garçon partit.

En son absence, Laetitia perfora le fond de l'embarcation dans laquelle baignait le corps de Noua. Puis elle détacha la barque et la poussa vers le large. Une vague s'en saisit et l'emporta vers la haute mer où elle coula. Les flots recueillirent son précieux chargement et l'enrobèrent d'écume; lorsque passèrent les autres noyés à quelque distance de la côte, le corps docile fut rendu au courant.

À son retour, Éric trouva l'anse déserte et se laissa aller au désespoir. Laetitia essaya en vain de le consoler; elle lui raconta la bourrasque qui avait secoué la côte et les vagues qui, déferlant sur le rivage, avaient emporté la barque et Noua. Mais elle ne parvint pas à réconforter son frère. «Quand tu auras construit la nouvelle chaloupe, dit alors Laetitia, nous irons voir la terre au-delà de la ligne d'horizon.»

Le lendemain, Éric guetta anxieusement le passage des noyés. Il n'aperçut Noua que le surlendemain; elle flottait, les cheveux dénoués dans les vagues. Le garçon plongea dans le courant mais le corps disparut. Devant lui défilèrent les autres noyés, leurs yeux fixant les nuages, mais Éric semblait ne plus voir les navigateurs familiers. Pendant ce temps, Laetitia s'occupait à équarrir le tronc coupé pour façonner les planches du nouveau canot. Ses mains, accoutumées aux tâches dures, étaient fortes et hâlées; ses épaules, faites pour résister aux vents marins. Laetitia savait qu'ils devaient partir, qu'ils devaient quitter l'île où ils avaient grandi. Le frère et la sœur aimaient leur île; ils aimaient, malgré la rudesse de leur vie, leur liberté de poulains sauvages et la mer, cette bête immense, tantôt furie, tantôt bienveillante et lustrée, qui enserrait l'île d'un rempart liquide. Les noyés leur tenaient compagnie. C'était des compagnons fidèles dont ils avaient appris à connaître les cycles de navigation propres à chacun. Certains passaient tous les jours, d'autres chaque semaine, longeant la côte; quelques-uns, plus rares, qu'ils nommaient «les grands voyageurs», revenaient moins souvent, mais selon des cycles aussi réguliers. Il arrivait de temps à autre qu'un noyé familier disparût sans qu'ils sachent ce qu'il était devenu.

Quelques jours plus tard, le corps de Noua apparut de nouveau parmi les noyés. Éric s'élança dans les vagues. La force du courant et le passage des autres corps rigides rendaient son entreprise téméraire et Éric, bien qu'excellent nageur, eut fort à faire pour ne pas se laisser emporter. Il nagea d'abord dans le sens du courant puis dut l'affronter pour gagner le large. Éric n'était guère éloigné de Noua quand il fut soudain heurté par un autre corps, massif comme un bloc de marbre. Il disparut sous l'eau.

Laetitia chercha son frère plusieurs jours durant sur l'île, l'appelant et scrutant la mer. Un matin, elle le vit surgir parmi les noyés, glissant sans bruit sous la surface transparente des vagues. Ses cheveux blonds ondoyaient et ses yeux bleus, tournés vers le rivage, exprimaient un muet adieu. Laetitia, figée, le suivit du regard longtemps, fixant la mer bien après qu'il eut disparu, de ses yeux secs et brûlants.

Le même jour, Laetitia acheva la construction du nouveau canot dont elle calfata la coque. Elle le mit à la mer, tôt le surlendemain, et quitta l'île.

Un nouveau-né

Le bébé est né le 4 juin à 6 h 35 du matin. C'est une toute petite fille au visage rouge et plissé, aux cheveux drus et noirs. L'identité de son père demeure incertaine et sa mère est très jeune : âgée de dix-sept ans, Corine Fougère est en douzième année; la mère de celle-ci, Monique, aborde à quarante-deux ans, avec un enthousiasme très modéré, son nouveau rôle de grand-mère. La fillette a reçu le nom de Sophie, du grec «sophia» qui signifie «sagesse»; sa grand-mère espère que ce prénom aura une influence bénéfique sur l'enfant et la gardera des imprudences commises par sa jeune maman qui a bousculé les générations en la mettant au monde.

Quelques heures après la naissance de Sophie, un phénomène étrange a lieu. La conscience du nouveau-né commence, doucement, à s'éveiller. Ce ne sont d'abord que des sensations confuses derrière une brume épaisse : l'éclat de la lumière traversant ses paupières closes, des sons, la perception de son propre corps. Puis à mesure que ses sens prennent contact avec le monde qui l'entoure, le brouillard se dissipe par endroits et des éclairs de lucidité jaillissent dans son esprit comme des trouées de ciel clair dans la masse des nuages. D'autres perceptions surgissent tandis que les paupières du bébé se dessoudent : des mouvements, des couleurs; mais certaines ne semblent pas appartenir à son univers immédiat : on dirait plutôt des réminiscences, des impressions d'un état différent...

Au bout d'un certain temps, la conscience du nouveau-né a presque totalement émergé et Sophie, les yeux ouverts, peut observer et reconnaître les lieux où elle se trouve. Même si sa perception visuelle est faible, elle devine une salle d'hôpital; elle distingue les silhouettes blanches, fantomatiques des infirmières et ressent l'atmosphère nette, aseptisée du milieu médical. Peut-être cette reconnaissance est-elle facilitée par les impressions vagues et pénibles qui remontent du fond de sa mémoire et par moments l'oppressent, comme si celles-ci avaient un lien avec sa présence à l'hôpital.

Sophie peut voir à travers la paroi de son lit, mais le peu de contrôle qu'elle a sur son corps ne lui permet pas de se livrer facilement à l'observation. Elle est couchée sur le ventre, la tête tournée sur le côté et dans l'incapacité de changer de posture. Elle pense que son impuissance et son hospitalisation sont dues à des blessures (mais cette idée ne provient-elle pas aussi de ces réminiscences confuses et déplaisantes qui l'étreignent?). Sophie s'étonne de ne pas ressentir de douleur et parvient à remuer faiblement ses jambes; elle essaie de mouvoir ses bras qui reposent repliés de chaque côté de sa tête et son regard s'arrête sur une image floue à hauteur de ses yeux. La petite fille doit ajuster sa vision à cause de la proximité, ce qui lui demande un gros effort cérébral. Enfin, elle reconnaît un poing rose, fermé et une chose étonnante se produit, hors de son contrôle : le poing libère un pouce qui vient aussitôt se loger dans sa bouche et l'emplit tout entière. Le bébé ferme les yeux, épuisé, et se concentre sur la succion de son pouce. Cette activité lui procure un grand réconfort.

Quelques heures plus tard, Sophie se réveille, baignant dans une sensation de chaleur humide. D'abord inquiète et humiliée, elle se rappelle que son corps est immobilisé, blessé ou infirme, peut-être. Elle a peur, soudain, d'être impotente. Puis sa mémoire récente, très claire, lui permet de récapituler ses impressions les plus marquantes : son corps engourdi, le poing serré sur le drap et le pouce qui se glisse dans sa bouche, la satisfaction qu'elle retire de ce geste; enfin, son incontinence urinaire qui la tire du sommeil. Tous ces événements lui causent un vif désarroi. Malgré la clarté de son esprit, Sophie est incapable de discerner que son corps est celui d'un nouveau-né, sans doute à cause de l'énormité de cette idée, peut-être aussi parce que sa perception des proportions est déformée. Ainsi, elle prend pour des lits adultes (quelque peu bizarres) les couchettes dans lesquelles reposent les autres bébés qu'elle distingue confusément.

Tandis qu'elle s'efforce de comprendre la situation, d'autres ténèbres dans sa mémoire commencent à se dissiper. Sophie se concentre sur les sons, les couleurs, les mouvements qui émergent de la brume : le vrombissement d'un moteur qui enfle peu à peu en un rugissement, le miroitement d'une surface asphaltée, une sensation de mobilité jusqu'au vertige. En même temps grandit son malaise, les impressions pénibles l'accablent jusqu'à l'angoisse. Puis, soudain, en une fraction de seconde, toute la scène lui apparaît en une fulgurante et terrible vision : la route où la moto lancée à folle allure double un camion dans l'amorce d'un virage; la voiture surgissant en face à grande vitesse, rouge; la tentative désespérée de jeter son véhicule sur le bas-côté de la route, une série de chocs violents, puis plus rien.

Le visage plissé de Sophie, congestionné, est en train de virer au cramoisi quand l'infirmière s'en aperçoit. Elle soulève promptement le bébé, d'un geste qui libère l'enfant et provoque ses pleurs, violents. Après l'avoir calmé, l'infirmière le change et lui donne son biberon. Durant ce temps, l'attention de Sophie est entièrement accaparée par les sensations perçues : les gestes précis de l'infirmière, le contact frais de l'air sur sa peau humide tandis qu'on retire sa couche, la tiédeur et la saveur sucrée du lait sur sa langue et dans sa gorge, l'effort de succion qu'elle doit fournir. Mais les impressions captées par le nouveau-né pendant ces opérations revêtent peu de sens pour lui, comme si la clarté de sa conscience s'était amoindrie : le visage flou de l'infirmière, ses mouvements adroits, la blancheur de son uniforme n'éveillent aucune pensée cohérente chez l'enfant.

Repu et au sec, le bébé s'endort. À son réveil ses facultés lui sont rendues intactes, mais sans le souvenir des instants qui ont précédé son sommeil. Sophie s'efforce de reconstituer la scène de l'accident, la fait défiler plusieurs fois dans sa tête. Puis elle essaie de retrouver des souvenirs postérieurs au choc : en vain. Ce trou dans sa mémoire est-il dû à un coma auquel elle a succombé à la suite de l'accident? Mais si elle est gravement blessée, comment expliquer l'absence de douleur? Et si elle se trouve sous sédatifs, la clarté de sa pensée n'est-elle pas surprenante? Pendant qu'elle s'interroge, Sophie s'aperçoit qu'elle n'est plus couchée sur le ventre mais sur le côté. Cette position lui permet une meilleure observation et elle en profite pour examiner le malade le plus près à travers les parois des lits. L'idée d'un bébé lui vient spontanément à l'esprit, ce qui lui paraît comique à cause de la taille (équivalente à la sienne) de celui-ci. Mais l'arrivée d'une infirmière lui donne brusquement par contraste la mesure des lits et de leurs occupants.

Sophie veut hurler. Mais elle reste sans voix, le souffle coupé. L'angoisse lui serre la gorge. Elle a l'impression que sa raison dérape. Tout à l'heure, l'hypothèse du coma s'est naturellement imposée à elle pour expliquer sa situation; maintenant une autre pensée tente d'émerger de son subconscient, une pensée absurde, extravagante. Quand elle parvient, encore confuse, au seuil de sa conscience, cette idée est aussitôt refoulée tant elle tient du délire. Mais elle revient, obsédante, car quelle autre explication donner à l'épisode du pouce et, à la fois, à son absence de douleur et à son incontinence urinaire (son linge est sec maintenant, quand et comment a-t-elle été changée?), au petit lit à côté du sien (tout aussi petit)? L'esprit de Sophie se débat, mais la question insensée finit par se poser clairement dans le chaos de ses pensées : est-elle morte et réincarnée dans le corps d'un nouveau-né? Cette question intolérable lacère sa raison. Sophie hurle.

Elle s'époumone longtemps.

Puis s'endort exténuée.

Quelques heures plus tard, elle ouvre les yeux.

Elle est assise sur son lit, un autre lit, dans une chambre bleue aux rideaux ajourés qui a été la sienne autrefois; elle est adossée à des oreillers sous la courtepointe d'un bleu profond. Ses cheveux grisonnants sont sagement coiffés en arrière, elle sourit à Valérie. Sa fille a les traits tirés et s'efforce de sourire aussi. Elle-même, Hélène, sent son anxiété et pose sur celle de Valérie une main réconfortante. Les deux femmes, la mère et la fille, boivent du café ensemble dans la chambre d'Hélène. C'est dimanche matin peut-être. Le café est fort et son arôme puissant et délicieux. Hélène le déguste à petites gorgées brûlantes.

Sophie, dans son lit à la pouponnière, est stupéfaite de l'émergence de ce souvenir, d'une densité presque matérielle : le parfum du café, le plaisir de le savourer, sans hâte. Ces sensations retrouvées sont si vives qu'elles ont effacé l'évocation douloureuse du début, le regard inquiet de Valérie.

Hélène parle et l'étonnement se peint maintenant sur les traits de Valérie. Que dit Hélène? Sophie n'entend pas, la scène se déroule comme dans un film dont on aurait coupé le son; on peut lire sur les visages la surprise ou l'anxiété, plus intenses dans leur mutisme. Puis le son jaillit, soudain. Dans le film que regarde Sophie, un mot éclate, sonore : la moto! Hélène a décidé de s'acheter une moto; c'est un vieux rêve qu'elle caresse depuis des années, depuis le premier bolide étincelant, acheté à vingt ans et revendu quelques années plus tard, après son mariage.

Valérie agrandit les yeux d'étonnement, la consternation se lit sur son visage. Hélène explique, Valérie se résigne puis ses traits se détendent. Elle comprend que sa mère n'a pas perdu la raison mais qu'elle veut vivre, vivre intensément ces quelques années ou ces quelques mois dont lui fera grâce la maladie. Valérie serre doucement les doigts de sa mère. Malgré l'absurdité de l'idée (Hélène juchée sur le bolide d'acier, le casque emprisonnant ses cheveux gris) et la crainte qu'elle lui inspire, Valérie est prête à soutenir sa mère, son sourire en témoigne. Sophie se remémore avec tendresse les recommandations discrètes de Valérie lors de ses premières sorties avec la Honda. Elle revoit aussi une scène plus ancienne fixée sur une photographie : le sourire radieux de deux jeunes gens bottés et casqués devant leurs motos, qui s'apprêtent à lancer leurs engins à la conquête de la Louisiane. On ne distingue pas la fille du garçon, sauf peut-être par le sourire. Hélène a vingt ans, elle brûle d'impatience de s'élancer sur la route, ivre de vent, de liberté et d'amour. À ses côtés : David.

L'accident a eu lieu onze mois après l'achat de la rutilante Honda. Combien de temps Hélène aurait-elle vécu si la mort brutale ne l'avait arrachée aux ravages du cancer? Sophie pense avec tristesse à Valérie. Puis sa situation présente s'impose brutalement à son esprit : une nouvelle vie à vivre! Elle ne peut croire que le destin lui ait joué pareil tour.

Se retrouver prisonnière dans un corps de nouveau-né avec sa conscience adulte! Elle n'a pas le courage de recommencer une autre vie. Elle se sent, dans ce nouveau corps, encore accablée par toute l'amertume et l'épuisement qui l'ont conduite à l'accident fatal.

Sophie pleure parce qu'elle a faim, peut-être aussi par désespoir. Au bout d'un temps qui lui paraît interminable, elle est soulevée et déposée dans des bras accueillants. Corine, sa jeune mère, installe le bébé au creux de son coude, souriant de l'étrangeté de ce corps menu dont il faut soutenir la tête et dont une partie du crâne est molle (c'est un peu inquiétant); la tétine introduite dans sa bouche, le lait coule tiède sur la langue et dans la gorge du bébé, qui boit les yeux fermés. Sophie se concentre sur les sensations nouvelles, elle respire l'odeur du lait et de la peau maternelle. Quand elle a fini, elle s'efforce de retrouver le champ entier de sa conscience et ouvre les paupières pour regarder sa mère. Elle distingue un visage lisse, encadré de cheveux blonds, qui a gardé ses rondeurs enfantines. Cette jeune femme à peine éclose est-elle bien sa mère? Sophie doute de la justesse de ses perceptions; pourtant sa vision a gagné en clarté, en précision depuis quelques heures. Elle pense soudain qu'elle-même aurait pu être la mère de l'adolescente, et la situation lui apparaît si absurde qu'un spasme de rire ou de sanglot secoue son petit corps provoquant une série de violents hoquets. Corine lui tapote le dos et le bébé régurgite un long jet de lait sur la chemise de nuit de sa mère, qui pousse un cri effaré; une grimace fronce son joli visage.

Replacée dans son lit, la petite fille enfonce son pouce dans sa bouche et s'abandonne au sommeil. Elle dort longtemps et profondément, épuisée par son intense activité cérébrale. Quand elle se réveille, elle suçote son pouce pendant une longue période. Son linge est mouillé mais elle semble indifférente à son inconfort, son esprit voguant dans un état bienheureux entre l'éveil et le sommeil. Peu à peu pourtant, quelques impressions désagréables l'assaillent comme d'ennuyeuses mouches qu'elle essaie de chasser. Puis ces impressions se précisent, sa conscience devient plus claire, envahie brutalement des souvenirs douloureux et de l'insupportable réalité. Elle se rappelle qu'elle est enfermée dans sa chrysalide de nouveau-né, ridiculement vulnérable, dans un corps dont elle ne possède même pas les principaux contrôles musculaires. Sa pensée de femme adulte, exercée et mûrie par un demi-siècle de vie, se trouve captive d'un corps à peine formé, d'un frêle bouton, à la merci d'une mère-enfant. Sophie pense à toutes ces années d'enfance qu'il lui faudra à nouveau traverser, à cet interminable apprentissage de la jeunesse, à la sujétion enfantine. Elle regrette de ne pas être morte corps et âme, d'être sortie du néant, que sa mère (qui ne l'a sans doute pas désirée) n'ait pas avorté.

À la fin de la journée, les infirmières se demandent pourquoi ce bébé pleure sans fin et semble exprimer un tel désespoir.

Quand Sophie, épuisée, succombe au sommeil, elle y trouve à nouveau l'apaisement. Pendant les jours qui suivent, le bébé est soumis à une surveillance médicale plus étroite, il a perdu du poids au lieu d'en gagner. Sa mère, qui a retrouvé sa vigueur, quittera bientôt la maternité tandis que le nouveau-né demeurera en observation. Aujourd'hui Corine, épanouie, reçoit visiteurs et visiteuses qui l'inondent de bonbons et de violettes africaines en s'extasiant sur le bébé endormi. La jeune mère sourit avec complaisance.

Sophie dort beaucoup. On doit la réveiller pour l'alimenter afin de lui faire prendre du poids. Quand on l'arrache au sommeil elle pleure et ses repas sont suivis de vomissements et de coliques qui provoquent à nouveau ses cris, déchirants et interminables. Sa grand-mère croit qu'elle supporterait mieux le lait maternel, mais Corine ne veut pas en entendre parler. L'adolescente quitte l'hôpital triste et soulagée à la fois d'y laisser le bébé.

Sophie se souvient qu'elle a un autre nom : lequel? Elle essaie de l'arracher à sa mémoire, sans y parvenir et ses efforts l'épuisent. Son sommeil est agité, son visage se fronce et son corps frêle se débat sous le drap. Mais quand elle s'éveille il lui arrive de ne pas savoir pourquoi elle éprouve une si violente envie de pleurer. Parfois un nom surgit dans sa mémoire et elle s'efforce d'en préserver le souvenir, mais elle ne sait plus avec certitude qui il désigne. Valérie... est-ce le nom de sa mère présente ou passée? Depuis quelque temps un nouveau nom flotte dans la conscience de Sophie : Corine. Et déjà peut-être lui devient-il cher, chaque jour plus familier à ses oreilles, murmuré par des voix tendres et gaies. Quand Corine vient la voir, Sophie la reconnaît à sa voix, à l'odeur de sa peau, au contact tiède et doux de ses bras.

Sophie se rappelle qu'elle a un passé. Son cerveau garde en mémoire la commotion d'un grand choc. Mais quand elle essaie de faire surgir les événements, elle ne perçoit plus que des sensations confuses, des sons, des mouvements, des couleurs. Elle fait de moins en moins l'effort de se souvenir et ses éclairs de lucidité deviennent plus rares. Son sommeil est encore agité parfois mais le bébé a regagné du poids. Il suce avidement son petit pouce ridé et pleure moins. Si le nouveau-né souffre encore de coliques, ses vomissements se sont atténués. Un jour, Sophie quitte l'hôpital pour la maison de Corine et de Monique Fougère. Le visage énergique et bienveillant de sa grand-mère lui plaît : comme il se penche sur son berceau, griffé des premiers signes de l'âge, un nom isolé jaillit des profondeurs de sa mémoire passée : Hélène.

Corine profite de ses vacances scolaires pour faire son apprentissage de mère et passe plusieurs heures par jour avec Sophie quand celle-ci est éveillée. Récemment deux événements ont marqué la nouvelle vie du bébé. Un matin lumineux de la fin juin, Corine est sortie promener sa fille avec son amie Karen; dehors, Sophie a été éblouie par l'éclat du ciel bleu tendu au-dessus des arbres comme un drap de soie et fascinée par la verdure et le chantonnement de la fontaine. Les yeux et les oreilles du bébé se sont emplis de ces impressions radieuses du monde.

Le deuxième événement a lieu quelques jours plus tard. Alors que Sophie est éveillée depuis un moment dans son berceau, le visage de Corine apparaît, se rapproche : une longue mèche blonde glisse devant ses yeux, masquant la moitié de son visage; la main de Corine la rejette en arrière, dans ses yeux un instant cachés se reflète le ciel derrière la fenêtre; et soudain, l'éclat des dents de Corine entre ses lèvres fruitées.

En retour, le sourire de Sophie.

Voyage au fond d'un puits

De retour au pays après un voyage de plusieurs années, je consacre les premiers jours suivant mon arrivée à renouer avec les lieux de mon enfance : à parcourir les rues du village et surtout les chemins de campagne où j'ai trotté, enfant, entre les champs immenses ouverts sur l'infini du ciel. Ce sont ces espaces dont l'étendue sans limites gonflait mon cœur d'émerveillement, qui ont fait germer en moi le goût du voyage. Beaucoup de ces chemins ont maintenant disparu et je dois parfois franchir des routes livrées à une circulation bruyante là où, autrefois, je me glissais sous une haie.

À une petite distance du village, je découvre un vaste enclos en friche que j'ai quelque peine à reconnaître, car je l'ai fréquenté en des temps plus heureux où les vergers, entretenus, ployaient sous leur charge de beaux fruits, où les églantiers bruissaient de l'effervescence des abeilles et où les rangées de blé d'Inde ondoyaient au vent. Cet enclos, jadis, jouxtait une modeste habitation où vivait un vieil homme qui fut mon ami, l'espace d'un été. La maison a aujourd'hui entièrement disparu. Je franchis sans peine les vestiges d'une clôture délabrée qui ne défend plus l'accès au jardin. L'endroit est envahi d'herbes hautes et peuplé d'arbres abandonnés qui doivent produire de ces petites pommes dures et acidulées que portent les arbres sauvages : de ces pommes dont nous nous régalions, enfants, aux bords des chemins, avec des grimaces.

Tel que je le retrouve, ce clos délaissé me fascine. Je le vois avec mes yeux d'autrefois, à travers mon regard d'enfant, sensible au mystère que dégage une nature débridée mais dissimulant, peut-être, à l'abri des buissons touffus, quelque trésor caché ou vestige d'une époque faste et révolue. C'est ainsi que je mets à jour quelques pieds de rhubarbe dont l'absence de soins n'a en rien entamé la vigueur et des plans de framboisiers inextricablement emmêlés aux rosiers dont les abeilles ont retrouvé la trace.

C'est alors que je découvre le puits. Je le contourne et le dégage des ronces qui s'y sont agrippées, surpris, car je ne me rappelle pas l'avoir jamais vu. C'est une maçonnerie modeste : les murs sont peu élevés et l'ouverture est fermée d'un lourd couvercle de bois. Des brassées de lupins sauvages croissent à proximité. Comment ce puits a-t-il pu échapper, autrefois, à ma curiosité? Était-il protégé d'un abri qui en masquait l'entrée? Je ne me rappelle pourtant aucune autre construction qu'une cabane de jardinier dont j'ai plusieurs fois exploré, sous l'œil vigilant de mon vieil ami, les merveilles de bric-à-brac qu'elle contenait : pioches, râteaux, fourches, bidons, pots de peinture, tuyaux, planches, arrosoirs, bottes, cordes, raquettes... Si l'enclos a abrité un puits, comment celui-ci a-t-il pu rester caché au fureteur que j'étais? Je retourne cette question dans ma tête tout en m'évertuant à déplacer la lourde pièce de bois qui en obstrue l'entrée. Celle-ci résiste à tous mes efforts. Je me redresse et considère un moment l'ouverture scellée comme un œil sous sa monstrueuse paupière. Pourquoi ce puits, qui fait moins d'un mètre de haut, m'attire-t-il autant? Est-ce à cause de sa présence mystérieuse dans le verger? Quoi qu'il en soit, je suis bien déterminé à revenir le lendemain muni des outils qui me permettront d'ébranler le couvercle.

En m'en retournant, je cueille une poignée de menthe sauvage.

Le lendemain, je suis à pied d'œuvre dès le matin. J'ai emporté une barre métallique destinée à servir de levier et divers outils, ainsi qu'une solide corde. L'imposante pièce de bois cède sans trop de résistance. Je la déplace suffisamment pour que la lumière du jour pénètre dans la cavité et je me penche sur la margelle, scrutant l'intérieur. Bien que mes yeux aient le temps de s'habituer à l'obscurité du conduit, je n'arrive pas à en discerner le fond, mais je remarque la présence de barreaux métalliques scellés dans la paroi.

Cherchant autour de moi des cailloux, j'en lance un dans le puits. Mais j'ai beau tendre attentivement l'oreille, aucun son ne me parvient : ni écho provenant du heurt du caillou contre le fond, ni bruit d'éclaboussure. Surpris, je recommence plusieurs fois avec des pierres de plus en plus grosses, mais à chaque lancer de projectile répond seul un profond silence. Je me penche et appelle dans le conduit : ho! ho! J'entends alors ma voix se répercuter longuement sur les parois, interminablement, puis s'affaiblir dans le lointain, comme si l'excavation avait une profondeur exceptionnelle. L'écho prolongé de ma voix et le silence qui, au contraire, répond aux jets de pierres, me paraissent curieux. Je décide d'explorer le puits au moyen de la corde que j'ai apportée, l'existence des barreaux m'encourageant à tenter la descente. Le premier échelon me fournit un point d'ancrage pour la corde après que j'en ai testé la solidité. Je la noue fermement puis lance le reste du rouleau, soit une vingtaine de mètres, dans la fosse. Puis, muni d'une torche, je prends appui sur le premier échelon et entreprends de descendre.

Les premiers temps, la manœuvre se déroule parfaitement; les barreaux offrent au pied une prise commode et je me cramponne d'une main tandis que j'éclaire au-dessous le conduit avec ma torche. Mais malgré mes efforts pour distinguer le fond, rien n'émerge de l'obscurité dans laquelle, peu à peu, je m'enfonce. Je lance de temps à autre un appel qui paraît retentir à l'infini, mourant sans fin le long du boyau. Soudain, je prends pied sur le dernier échelon. Je lève la tête pour évaluer la profondeur où je me trouve mais l'obscurité m'enlève tout repère. Je tente à nouveau de sonder le fond avec ma lampe : sans résultat. Que faire? Comme il me reste plusieurs mètres de corde, je décide, poussé par la curiosité, de poursuivre la descente. Fixant la torche à ma ceinture, je me laisse avec précaution glisser le long du câble et progresse ainsi, étonné de ne pas encore voir surgir le sol sous mes pieds. C'est alors que se produit un craquement qui me fige d'effroi; et d'un coup, la corde cède.

Je tombe dans un hurlement d'horreur qui résonne indéfiniment sur les murs de la fosse, me renvoyant l'écho de ma propre épouvante.

Que s'est-il passé? Comment expliquer la rupture d'un câble aussi solide dont j'ai vérifié l'état? S'est-il dénoué, alors que l'art de faire des nœuds n'a pas de secret pour moi? Ou se peut-il que le barreau lui-même ait cédé? Mais ces questions ne m'effleureront que plus tard, car, précipité en chute libre, je poursuis ma dégringolade vertigineuse; et l'écho de mon hurlement se répercute encore sur les parois alors que je m'enfonce dans les ténèbres du boyau.

Combien de temps ai-je dévalé ce conduit, englouti par la tranchée verticale? Cette effroyable chute me paraît durer des heures, même si je ne suis qu'à demi conscient. Le puits semble sans fond. L'obscurité est si épaisse qu'elle finit par devenir presque palpable, comme si elle acquérait peu à peu une densité quasi matérielle. J'ai alors l'impression, bien que cela paraisse extraordinaire, que je perds de la vitesse. Porté par l'opacité de la nuit, je continue à tomber, mais avec moins de turbulence, et je reprends peu à peu mes esprits.

Je me sens sombrer plutôt que tomber, de plus en plus doucement, comme si je coulais dans les profondeurs de la terre, ma conscience plus présente à mesure que ma peur s'atténue. Le cerveau clair et lucide, j'observe ma descente, dans un état de pesanteur modifiée, stupéfait d'être l'objet d'un phénomène aussi singulier. En même temps que ralentit ma dégringolade, je vois l'obscurité si totale jusqu'ici se dissiper peu à peu, pour céder la place à une pénombre qui me permet de distinguer les parois du conduit (où je continue à m'enfoncer) et le haut de mon propre corps. Il me serait facile, peut-être, à la vitesse ralentie où je tombe, de m'accrocher à une saillie du mur, mais je descends de plus en plus doucement, avec une sorte de mollesse à laquelle je m'abandonne, épuisé. Outre que la sensation ressentie est très agréable, ma curiosité s'est réveillée aussi vive, et j'attends de toucher le fond comme une feuille se posant avec légèreté sur le sol.

Cependant, quand cesse ma chute, je ne retombe pas sur mes pieds. Peut-être aussi ma descente ne cesse-t-elle pas tout à fait et je continue de tomber en un mouvement infiniment ralenti. Je ne sais avec certitude. Je ne distingue toujours pas le fond et il me semble que je flotte, comme si j'échappais aux lois de la gravité. Cette sensation est merveilleuse après la violence de la chute. Mon corps et mon esprit se détendent et je baigne dans une sorte de béatitude. Dans l'état étrange où je me trouve, je perçois le conduit du puits horizontalement et non plus verticalement. L'obscurité s'est presque totalement évanouie et il règne dans le boyau une faible lueur dont je n'arrive pas à déterminer la source, car aucune brèche ne semble ouverte dans le mur. Est-ce une émanation de roches phosphorescentes? Je l'ignore. Je suis enveloppé de douceur, mon corps me semble d'une incomparable légèreté, mon esprit envahi d'un calme serein. Toute trace d'excitation m'a quitté et je m'abandonne à ce bien-être ouaté sans plus me poser de questions.

Si je ne peux dire quelle a été la durée de ma plongée vertigineuse dans le puits, il ne m'est pas plus possible d'évaluer le temps passé dans cet engourdissement béat : quelques jours? Des mois? Des années?

Je n'éprouve aucun besoin, ni de boire, ni de manger. Que le puits soit sans fond ne me préoccupe guère. En sortirai-je un jour? Par quel moyen? Que m'importe, vraiment! Je me sens étrangement comblé. Mais si mon corps semble engourdi dans cet état bienheureux, mon esprit me paraît jouir au contraire d'une grande clarté, d'une acuité plus vive, plus pénétrante. Toute sensation physique presque abolie avec l'apesanteur et l'assoupissement des besoins de l'organisme, seul veille mon esprit. Je ne suis plus que conscience. Cette sensation est la plus extraordinaire que j'ai jamais éprouvée.

Un jour, pourtant (mais peut-on parler de jours quand le temps a cessé d'exister et qu'on ne sait plus s'il se compte en heures ou en années?) je ressens comme une sorte d'éveil physique qui me pousse à exercer mes bras et mes jambes, mollement. Par la suite je me déplace de quelques mètres dans le conduit. Au bout d'un certain temps, je me mets à suivre le couloir du puits comme un promeneur nonchalant qui irait, flottant au gré de son indolence. Je baigne toujours dans cette même clarté douceâtre, presque tiède à mon épiderme encore endormi. Je progresse sans hâte, déployant mes membres en mouvements paresseux, n'éprouvant ni fatigue ni besoin de me précipiter. Parfois j'interromps mon parcours et retourne un temps à ma béate immobilité avant de me remettre à errer. Je suis hors du temps, j'ai l'éternité devant moi. Cependant, comme je me remets chaque fois en route, il me semble avoir entrepris un voyage, infiniment lent sans doute. Quelle est ma destination? Ne suis-je pas au centre de la terre? Et n'est-ce pas vers le bout du tunnel que je me dirige? Vers une possible issue?

Je poursuis mon paisible cheminement sans me soucier de son terme proche ou lointain.

Peu à peu je m'aperçois que je progresse plus vite, non que je fournisse plus d'efforts, mais parce que je suis porté, semble-t-il, par un courant léger, une brise qui me pousse doucement le long du canal. Quand ce souffle est-il né? Par quoi est-il causé? Je n'en sais rien mais la sensation nouvelle est agréable. Malheureusement au bout d'un certain temps, la brise tiède se change en un courant plus vif qui commence à perturber mon univers ouaté. La fraîcheur me pique la peau et le mouvement qui m'emporte contrarie mon indolence. Je tente de lui résister et même de rebrousser chemin vers le lieu où j'ai coulé des jours si doux. En vain. Sans doute est-ce le brutal contraste qui m'irrite, entre un état si totalement douillet et un nouvel environnement où je suis plongé de façon abrupte.

Soufflant de plus en plus fort, le vent se change peu à peu en bourrasque. Je suis bientôt emporté comme un fétu et mon désagrément fait place à l'anxiété et à la douleur. Le tourbillon qui m'entraîne hérisse mon épiderme, mugit à mes oreilles et me ballote sans ménagement de côté et d'autre. Après le long repos de mon corps dans la tiédeur de ma chambre souterraine, cette turbulence me fait souffrir. Mes oreilles, habituées au profond silence de la terre, sont blessées et j'ai peur d'être démembré par les forces impétueuses qui s'acharnent sur moi. À demi mort de frayeur et sans comprendre ce qui a pu déchaîner un pareil ouragan, je me vois avec épouvante à la merci de cette violence incontrôlable.

Par bonheur celle-ci ne dure pas : une accalmie se fait bientôt sentir; le vent perd de sa virulence et j'éprouve un profond soulagement.

Le tumulte apaisé me laisse brisé et tremblant. Je regagne peu à peu mon calme, immobile de nouveau pendant un temps assez long. Et soudain dans la noirceur du tunnel (la clarté diffuse qui régnait auparavant s'est éteinte durant ma course effrénée) je vois des points brillants s'allumer au loin comme des lucioles. En même temps je m'aperçois que l'atmosphère du tunnel a changé : est-ce un effet de la tourmente? Il règne à présent un air vif et tonique, revigorant. Je recouvre rapidement mes forces, hume avec délices cet oxygène vivifiant comme si j'avais été longtemps exposé à un air raréfié. Aussi vite que me le permettent maintenant mes mouvements ralentis par l'apesanteur, je me dirige vers les points lumineux dont l'éclat s'intensifie à mon approche, comme des diamants. Après les longues ténèbres du puits, trouées de lueurs incertaines, les feux qui étincellent au loin exercent sur moi une vive fascination. Progressant dans leur direction, je les vois grossir et peux à peine en soutenir du regard le scintillement. Je suis ébloui et je me gorge de cet air frais qui emplit mes poumons, les blessant presque de sa vigueur.

Et soudain, je me retrouve au seuil de la nuit étoilée.

Je suis parvenu à la sortie du puits.

Je me souviens à peine y être jamais entré, pourtant, tant il me semble avoir toujours vécu dans les couloirs de la terre. Mon saisissement est profond, car à l'emplacement exact où je me tiens prend fin la galerie souterraine et celle-ci s'ouvre sur l'immensité du ciel nocturne constellé d'étoiles. J'avais oublié qu'un tel spectacle pût exister. Mon regard a été pendant si longtemps borné aux parois obscures de mon tunnel que l'infini du ciel produit sur moi un étonnement démesuré. Je suis envahi par l'émerveillement et un sentiment de bonheur presque insoutenable; car je comprends que je suis enfin arrivé.

Je suis parvenu au but de cette longue pérégrination durant laquelle j'ai progressé en aveugle, guidé par des forces inconnues tantôt bienfaisantes tantôt chaotiques et violentes. Celles-ci m'ont saisi avec furie puis bercé avec la plus grande douceur avant de se déchaîner à nouveau et de m'abandonner, rompu, au seuil des espaces infinis.

Devant mes yeux agrandis d'admiration se déploie l'immensité du ciel que j'ai contemplé, enfant, au-dessus des champs, avec ses étendues infinies, sa nuit embrasée d'étoiles et ses tourbillons de planètes. Le silence emplit mes oreilles encore blessées par les clameurs de la tempête et m'apporte une paix profonde. Pourtant je sais que ce silence n'est que ma perception imparfaite de cet univers flamboyant et que celui-ci me livrera un jour les millions d'échos et de bruissements de sa vie ardente. Je ressens une joie vibrante car je sais aussi que cette nuit cosmique, ce monde dont la grandeur est propre à donner le vertige, est mien et qu'il m'accueille : j'en fais partie.

Je suis debout à l'orifice du puits comme un plongeur sur le rivage d'une mer étincelante. Soustrait aux lois de la gravitation, je contemple la nuit scintillante et sereine. Cette nuit m'appartient; elle est mon élément comme l'eau est aux poissons, le ciel du rivage aux mouettes.

Doucement, je me laisse glisser du puits dans l'espace.

Iris

Anna s'assit dans un fauteuil et prit une petite robe d'enfant à laquelle il manquait un bouton. Elle venait de coucher le bébé pour la sieste et regarda le petit vêtement avec bonheur. C'était la meilleure heure de la journée, son heure, l'unique moment qui lui appartenait. Qu'allait-elle en faire? Lire? Écouter de la musique? Ou simplement rêver? Elle n'avait pas envie de coudre mais la robe attendait depuis deux jours que le bouton soit recousu et c'était si vite fait. Elle prit une aiguille et du fil. L'enfant n'avait jamais assez de vêtements : elle les salissait si vite! À courir sous les arbres après Mouchette (elle tombait encore, parfois) et à jouer dans la terre... Iris allait avoir deux ans. Elle était belle comme une pêche, avec ses rondeurs enfantines. Et son sexe était si joli! Il ressemblait à un abricot. Les fesses de la fillette, rondes comme deux pommes (Iris était une corbeille de fruits), lui donnaient envie de mordre dans la pulpe. Anna se demanda avec un sourire si elle était une mère dénaturée. Chaque centimètre carré de peau et de chair d'Iris lui causait une joie secrète.

La petite fille allait avoir deux ans. Iris était si grandie, déjà! Était-ce bien ce même bébé rond et calme qu'elle allaitait l'année précédente? Ce vif-argent d'aujourd'hui, cette fillette rieuse qu'embellissait chaque jour. Comme le temps passait! Deux ans, bientôt. Et elle, Anna?

Elle? Elle vient d'avoir trente ans. Anna rit doucement, pour elle toute seule. Trente ans? Il doit y avoir une erreur! Ce n'est sûrement pas d'elle qu'il s'agit, ou alors elle a dormi la moitié du temps! Vingt-deux, vingt-quatre ans peut-être, vingt-huit c'est déjà beaucoup. Mais trente? Elle ne se sent pas tellement différente de la fillette timide et rêveuse qu'elle était, il n'y a pas si longtemps. Trente ans!

Anna chercha ses ciseaux pour couper le fil. Elle repassa du plat de la main la petite robe et découvrit que l'ourlet était en train de se découdre. Elle prépara une nouvelle aiguillée.

Sa main demeura suspendue en l'air. Une violente déflagration venait d'éclater à ses oreilles. Son saisissement fut tel qu'elle demeura figée plusieurs secondes. C'était en réalité une bien étrange explosion : sèche, percutante. Cependant aucune vitre dans la maison ne parut avoir vibré.

Pourvu que le bruit n'ait pas réveillé l'enfant! Anna demeura immobile un instant, retenant sa respiration, dans l'attente des suites de la détonation : fracas, cris à l'extérieur, hurlements du bébé. Mais aucun autre son ne lui parvint. Aucun mouvement. Tout était parfaitement immobile et silencieux. Un silence palpable. Anna se leva, alla à la fenêtre, fit quelques pas dans la maison. Puis elle se rassit et reprit sa couture. Mais elle demeurait troublée... C'était une bien drôle de détonation. Rien qui puisse ressembler à une arme à feu ou à un avion franchissant le mur du son. C'était comme si l'explosion avait retenti dans sa tête. Elle s'efforça de ne plus y penser. L'essentiel était que l'enfant n'ait pas été réveillée. Anna espérait qu'elle dormirait encore une heure.

Ses pensées s'attardèrent de nouveau sur Iris endormie dans son petit lit. Parce qu'Anna jouissait de la trêve que lui procurait le sommeil de l'enfant, elle pouvait avec joie songer à son réveil. Iris au réveil! Chaude comme un petit pain à peine sorti du four, les joues colorées. Et la moiteur de sa nuque, la senteur de la peau à la racine de ses cheveux! Anna ne se lassait pas de humer le corps de sa petite.

Anna était en train de nouer son fil lorsqu'une mouche, brusquement, tomba devant ses yeux sur son jean. C'était une de ces grosses mouches bourdonnantes des jours d'orage, mais celle-ci s'était affaissée sans bruit comme un morceau de velours. Anna secoua ses vêtements avec répugnance pour se débarrasser du corps de l'insecte mais rien n'en tomba. Surprise, elle scruta les plis du tissu, examina le siège du fauteuil : aucune trace de la mouche. La nervosité gagna Anna, qui s'assit au bord du siège pour mettre de l'ordre dans ses idées. Elle avait vu, distinctement, tomber la mouche. Mais était-ce une mouche munie d'ailes et de pattes ou une ombre de mouche? Et si elle avait des troubles de vision? Et peut-être des troubles de l'ouïe? Anna se sentit transpirer : elle avait beau se dire que les deux choses n'avaient rien à voir, son malaise grandissait au point qu'elle souhaita soudain que le bébé s'éveille : retrouver la chaleur de son corps, son gai babil... Elle se leva vivement, se dirigea vers la chambre d'enfant, hésita, la main sur la poignée. Il serait vraiment bête d'éveiller Iris! Anna se détourna et alla boire un verre d'eau à la cuisine, demeura un moment collée à la fenêtre, le nez contre la vitre, retourna s'asseoir. Elle se força au calme et fit lentement des yeux le tour de la pièce. Son regard se posa sur chacun des objets qu'elle aimait : une lithographie au mur, représentant une fenêtre aux rideaux ouverts donnant sur un chemin, une aquarelle d'un paysage marin, une lampe de céramique de création artisanale et son jardin de verdure où s'échevelaient fougères et asparagus en une fraîche forêt trouée des lances des feuilles tropicales des sansevières, des dragonniers et du yucca. Apaisée, Anna ferma les yeux.

Quand elle les rouvrit, elle remarqua que le ciel s'était obscurci. De gros nuages enflaient sur l'horizon. Ses yeux, de la fenêtre, glissèrent sur le bras du fauteuil dans lequel, un instant, elle s'était abandonnée au sommeil et rencontrèrent sa main.

Ils demeurèrent rivés dessus.

À qui était cette main aux doigts frêles habillée de soie parcheminée? Cette main aux veines saillantes, noueuses, piquetée de taches brunes? Cette main flétrie... âgée? C'était une main qui avait longuement vécu, besogné, caressé. C'était celle d'une vieille femme. Si la stupeur n'avait pas paralysé les sens d'Anna, peut-être l'aurait-elle trouvé belle, cette main fragile et sèche à la peau pareille à une feuille déshydratée. Peut-être aurait-elle reconnu les doigts déliés aux phalanges un peu épaisses. Mais l'horreur pétrifiait Anna. Il n'était pas possible que cette main soit la sienne. Elle ne pouvait la quitter des yeux, n'osait en détacher son regard de peur qu'il ne remonte à son poignet, à son bras. Avec précaution elle remua un doigt, deux doigts, comme elle l'aurait fait pour un membre fracturé. Ses phalanges obéirent, se déplièrent, avec raideur. Alors elle se força à regarder son autre main. Elle était pareille à la première.

Anna ferma les yeux. Les rouvrit, sentit qu'ils se dirigeaient vers ses genoux, leur barra la route et les força à se poser sur son jean. Il lui sembla les avoir détournés d'un couperet. Elle sentit que sa poitrine se détendait, libérait son souffle oppressé. Elle regarda son pantalon coupé aux genoux, d'un bleu délavé, presque blanc. Elle l'avait porté tout l'été. Le coton s'était fait à son corps, à ses mouvements, à sa peau. Elle s'y sentait bien et maintenant la vue du tissu familier la détendait. Sur ses genoux reposait la petite robe d'enfant. Anna s'étonna de la trouver là, se dit qu'elle avait dû la ramasser en s'asseyant et la contempla avec tendresse. Puis l'écartant d'un geste ferme mais sans brusquerie, elle regarda ses jambes. La peau en était lisse et hâlée; mais le mollet avait perdu son galbe. Anna porta la main à son visage. Puis, au bout d'un moment, elle se leva pesamment et se dirigea vers sa chambre, la tête bourdonnante, pleine de mouches noires. Elle se planta devant le miroir et, même si elle s'y attendait, reçut le choc en pleine face. Les yeux secs et rivés sur son reflet, elle observait son visage, scrutait ses traits avec dureté, en apprenait les affaissements, les sillons, les rides; jusqu'à ce qu'un flot de larmes jailli enfin de ses yeux en brouille le dessin. Anna sentit fléchir ses jambes, se laissa lourdement tomber sur les genoux au pied de son lit, essaya de se relever. Elle devait se coucher, dormir un peu avant qu'Iris s'éveille... Iris? Sa pensée flotta un instant, caressa la vision d'Iris dans son petit lit, puis Anna toucha son visage flétri, essuya ses larmes presque sèches. Elle parvint enfin à se hisser sur le lit.

Anna venait de s'étendre sous la couverture quand un bruit discret près de la porte attira son attention. Se relevant à demi, étreinte par l'appréhension, elle aperçut une jeune fille sur le seuil, ouvrit la bouche mais aucun mot n'en sortit. Anna, à demi redressée sur son oreiller, fixait l'apparition tandis qu'à la stupeur succédait un grand bouleversement de tout son être à mesure qu'elle la reconnaissait. Cependant la jeune fille posait sur elle un regard inquiet, des mots sortaient de ses lèvres, des questions, qui n'arrivaient pas jusqu'aux oreilles d'Anna : celle-ci contemplait passionnément sa visiteuse, regardait les lèvres pleines qui remuaient, le petit nez arrondi, les yeux bruns veloutés, le large front et les cheveux bruns coupés court. Iris! Iris, que tu es devenue belle!

«Anna, est-ce que vous allez bien?» disait la voix qui s'échappait de la bouche d'Iris. «Je rentrais et j'ai entendu un bruit sourd... comme quelque chose... ou quelqu'un qui tombe. J'ai pensé m'assurer qu'il n'était rien arrivé...

– Non, non, Iris, mon enfant, tout va bien. J'ai eu un petit malaise, mais c'est passé, maintenant. Comme tu es belle, ma chérie! Tu as grandi! Je crois que je vais dormir un moment.

– Anna, je suis Lila, votre locataire. Vous êtes sûre que tout va bien? Vous ne désirez pas que j'appelle quelqu'un? Votre mari, peut-être?

– Mon mari?»

Le visage d'Anna s'éclaira : Marc! Marc était donc encore en vie! Elle avait craint... elle avait eu peur que, peut-être... Mais pourquoi Iris disait-elle s'appeler... Quel nom avait-elle prononcé? Lisa?

«Non, je vais bien, ma chérie. Ne dérange pas Marc. Je vais faire un petit somme.»

Et comme la jeune fille se retirait, elle eut un geste pour la retenir, la garder auprès d'elle, elle aurait voulu la toucher, son enfant, Iris, la contempler encore.

Quelques minutes s'écoulèrent, au cours desquelles les mots prononcés par l'étudiante retentirent à son oreille comme si elle les entendait pour la première fois. «Anna, vous allez bien? Anna, je suis Lila, votre locataire.» Anna se redressa sur son lit, toucha à nouveau son visage, la chair affaissée des joues, palpa la peau du cou de ses doigts incertains, regarda ses mains aux veines gonflées, à la peau trop fine et froissée. Puis elle se leva avec raideur et, les jambes chancelantes, se dirigea vers la pièce où peu de temps auparavant elle cousait une petite robe d'enfant. Son regard en fit le tour : rien ne semblait avoir changé. Anna se sentit lasse et eut envie de rappeler Iris, de se persuader par sa présence qu'elle n'avait pas rêvé, mais elle n'osa pas; Iris disait n'être pas son enfant, elle l'avait reconnue pourtant. La confusion régnait dans le cœur d'Anna. Elle s'assit sur le divan, regarda les meubles et chacun des objets sur lesquels son regard s'était posé quelque temps auparavant : la gravure avec la fenêtre donnant sur le chemin, l'aquarelle, la lampe de céramique, un tapis mexicain. Celui-ci arborait toujours ses riches couleurs et Anna, en dépit d'un examen minutieux, ne parvint pas à en déceler la moindre altération ou usure. Son œil angoissé s'attarda sur les plantes, évalua la longueur des tiges, dénombra les pousses nouvelles. Le temps semblait s'être arrêté sur le décor de sa vie. Elle seule avait donc changé? Et Iris?

Mais son regard venait de saisir un objet posé sur une étagère de la bibliothèque. Que faisait là cette statuette? Sur la troisième étagère en partant du haut, devant la série des œuvres de Maurice Leblanc? Anna s'approcha des volumes d'Arsène Lupin, prit une statuette noire qui représentait un chasseur stylisé tout en longueur : l'objet était beau et paraissait sculpté dans l'ébène. Mais Anna le voyait pour la première fois.

Il s'agissait d'une statuette africaine. Qui l'avait déposée là? Elle ne pensait pas que ce fût Marc, il ne s'intéressait guère aux objets d'art. Iris, peut-être? Elle se rendait compte qu'elle ne connaissait rien des goûts de sa grande fille, elle avait tout à apprendre. Anna voulut appeler la jeune fille, l'interroger, mais avant qu'elle ait pu faire un mouvement vers la porte, son regard fut accroché par une petite pendule familière qui marquait trois heures juste. Trois heures! Le désarroi s'empara d'Anna. Trois heures était l'heure à laquelle Iris habituellement s'éveillait de sa sieste. Anna ferma les yeux, sentit ses jambes vaciller, se redressa et inspira longuement, avec force. Puis, avec détermination, se dirigea vers la chambre de l'enfant.

Anna s'arrêta devant la porte fermée. Hésita. Elle avait peur. Elle regarda sa main posée sur la poignée, sa main frêle, parcheminée et piquée de tavelures. Qu'allait-elle trouver derrière la porte? Le petit lit... Iris, endormie, chaude et le front moite. Mais elle n'y croyait qu'à moitié. Elle avait peur et laissa sa pensée vagabonder loin de la chambre, dans le jardin. Iris trottait sur le gazon, nu-pieds, dans sa robe avec des girafes. Non, c'était la robe à laquelle elle avait recousu un bouton, tout à l'heure. Iris trottait, elle n'avait plus de robe et exhibait ses petites fesses rondes. Elle s'arrêtait un instant pour faire pipi, debout, dans son grand bassin où nageait un canard en plastique. Voilà qu'elle courait maintenant après Mouchette, essayait de la saisir par la queue. La chatte lui échappait et Iris poussait des cris aigus. Les cris d'Iris! C'était à vous déchirer le tympan! Mais la chatte, stimulée par les cris, la joie de la fillette, bondissait comme une panthère, ébouriffée, la queue en l'air.

Dans la tête d'Anna les images maintenant se pressaient, défilaient à toute allure. C'était comme si elle sentait, confusément, qu'il ne lui restait plus beaucoup de temps, qu'elle allait ouvrir la porte et trouver vide, peut-être, le petit lit. Ses pensées se précipitaient, caressaient encore une fois le bébé endormi... Iris, quelquefois, avait de mauvais réveils. Anna la prenait dans ses bras et l'asseyait contre elle sur le divan. La petite fille demeurait un long moment lovée contre Anna, comme un poussin sous les plumes de sa mère. Elle suçait farouchement son pouce et une douce joie rayonnait dans le corps et le cœur d'Anna.

Iris, parfois, avait des mouvements de colère et rugissait comme une petite bête sauvage.

Iris, à genoux, se frappait la tête contre le sol.

Iris hurlait et ses cris stridents, ses cris qui perçaient les cloisons, lacéraient, déchiraient... les cris d'Iris...

Les cris d'Iris s'abattaient maintenant sur la maison comme une rafale de grêle crépitante qu'un nuage crevé déversait au passage. Et Anna, qui avait ouvert la porte de la chambre, recueillait les hurlements du bébé comme une manne céleste. Sur ses joues se pressait le flot torrentiel des larmes libératrices.

Iris, quelquefois, avait de mauvais réveils.

Et Anna, peut-être, de mauvais rêves.

L'eau de jeunesse

Près de cinquante années de vie à deux dans la tendresse partagée unissaient Vincent et Marisa. Vincent avait atteint soixante-seize ans, Marisa presque quatre-vingts. Le vieil homme, affligé de cataractes, était presque aveugle; sa femme, que n'épargnaient pas non plus les maux de l'âge, souffrait de pertes de mémoire. Ces symptômes de dégénérescence sénile préoccupaient vivement Vincent qui pensait qu'il lui serait bien difficile, privé de la vue, de pourvoir au bien-être de sa compagne si la maladie de celle-ci progressait.

Il entendit parler des fontaines qui, selon la légende, faisaient jaillir dans le désert l'eau qui rendait la jeunesse. Il en rêva longtemps avant de se décider à aborder le sujet avec sa vieille épouse.

«Nos chances sont bien minces, explique Vincent, mais si tu le voulais, Marisa, nous irions en quête de la source de l'éternelle jeunesse et, nos vingt ans retrouvés avec une nouvelle santé, nous pourrions nous aimer un autre demi-siècle.

— Les risques sont grands, objecte Marisa, de se tromper de fontaine et de mourir.

— Oui, admet son compagnon. On rapporte en effet qu'il y a soixante fontaines, toutes différentes, de marbre blanc, et qu'une seule d'entre elles contient l'eau de jouvence. Aussitôt bue, l'eau miraculeuse efface les ans, mais aussi le souvenir du bassin où elle jaillit.

– Et si le voyageur se trompe de fontaine, le destin se montre, paraît-il, impitoyable. On raconte qu'une tempête de sable se lève, effaçant toute trace de son passage, si bien que le malheureux meurt déshydraté à deux pas des fontaines disparues dans le blizzard.

– Aurions-nous peur de mourir, mon amie, après tant d'années passées côte à côte? Des années de bonheur malgré les misères et les souffrances du quotidien. Mourir ensemble, l'un près de l'autre, comme nous avons vécu, n'est-ce pas la plus belle fin dont nous puissions rêver? Et si nous vivons, si le destin nous est favorable, il me reste assez d'amour, Marisa, pour nourrir cinquante autres années de vie commune et te rendre heureuse une seconde fois.»

Marisa, émue, regarde son vieux compagnon, attendrie de ce romantisme qu'il a toujours su préserver en dépit de l'âge.

La vieille femme songe à la maladie qui la mine et aux pertes de mémoire qu'elle lui inflige et qui la laissent humiliée. Quand elle est lucide, le plus souvent, elle envisage avec crainte l'idée de sa prochaine dégénérescence et la pensée du suicide lui traverse parfois l'esprit. Elle ne s'y arrête pas, à cause de son vieil époux qui a de plus en plus besoin de ses yeux à elle, encore clairs, pour le guider. Mais l'avenir lui paraît sombre, inquiétant.

La pensée de la fontaine miraculeuse s'impose donc à Marisa comme une issue possible à un futur incertain et douloureux. Elle se dit que si leurs chances de boire l'eau de la vie sont infimes, voire nulles (après tout il ne s'agit peut-être que d'un mythe), ils pourront aborder ensemble cette dernière étape de leur existence : la mort; et que celle-ci, franchie côte à côte, dans la tendresse et la certitude qu'ils ne seront jamais séparés, sera le couronnement de leur amour.

C'est ainsi que Marisa accepte le pèlerinage aux fontaines, résignée à mettre un terme à leurs deux vies. Cependant Vincent est conduit par l'espoir de guérir Marisa et de lui offrir, comme une nouvelle et inébranlable preuve d'amour, une seconde existence.

Ils prennent le train qui les mène jusqu'à la frontière du désert. Là, s'étant fait indiquer la direction à suivre, ils commencent leur long et pénible cheminement sur une piste à peine tracée dans le sable. Prenant appui sur leurs bâtons de vieillards, ils avancent avec lenteur, se soutenant l'un l'autre. Marisa guide son compagnon qui marche en redressant sa haute taille osseuse, à peine voûté, les yeux clignotant à la lumière vive du désert. Petite et replète, elle s'oppose à lui par la taille et la corpulence, ainsi que par son caractère jovial.

Les deux vieux cheminent deux jours durant, se nourrissant juste pour entretenir leurs forces et s'arrêtant à de fréquents intervalles pour se reposer. Incommodés par la chaleur, ils ne parlent pas beaucoup mais se donnent le bras pour s'aider et s'encourager mutuellement. Vincent concentre toute son énergie sur le but à atteindre tandis que Marisa babille de temps en temps pour tromper la fatigue.

Au cours du deuxième jour, Vincent, exténué, commence à entretenir des doutes sur le bien-fondé de leur odyssée. Et si les fontaines n'étaient qu'une légende? Il se demande s'il n'a pas entraîné Marisa dans une aventure absurde et pitoyable, à une seule issue. Vont-ils mourir d'épuisement et de déshydratation, perdus dans le désert, sans avoir trouvé les fontaines merveilleuses? Ce n'est pas là la belle mort qu'il a souhaité partager avec sa compagne, la mort librement choisie, acceptée. Il y manque l'espoir, le rêve.

«Mon amie, ne vois-tu toujours rien? interroge le vieil homme au terme de cette seconde journée de marche. Ne distingues-tu pas l'éclat du marbre, le jaillissement des sources?

– La lumière baisse, répond sa compagne. Buvons notre dernière eau et arrêtons-nous ici pour la nuit. Que Dieu nous garde, mon cher mari.»

Ils se couchent sur le sable, Marisa contemple les étoiles naissantes qui ne tardent pas à scintiller au-dessus d'eux.

«Des étoiles filantes! murmure-t-elle.

– C'est bon signe», dit Vincent.

Mais, fatigué et découragé, il parle sans conviction.

Le vieillard pose sa main fanée sur le bras de la vieille et murmure :

«Pardonne-moi.

– Que dis-tu?

– Je disais : bonne nuit, mon aimée. Demain nous arriverons au terme de notre voyage, le ciel est plein de signes! La nuit nous adresse des messages célestes : tu les as vus.»

Ils s'étreignent la main, apaisés, souhaitant chacun que la mort les accueille avant l'aube, pour épargner à l'autre désillusion et souffrance.

Mais l'aurore impitoyable les réveille. Le soleil déjà darde ses rayons dans un ciel pur et bleu. À l'orée de ce troisième jour dans le désert, leurs forces semblent les avoir abandonnés. Marisa, désorientée, ne se souvient plus de rien. Croyant qu'ils sont partis à la plage, elle demande si la mer est loin et se met à chercher le panier contenant les sandwiches qu'elle s'imagine avoir confectionnés et le thermos de café.

«J'y ai aussi mis de la bière, affirme la vieille, deux bières bien fraîches.»

Vincent ne veut pas la détromper et assure que la mer est proche. Il se demande avec lassitude s'il vaut mieux demeurer où ils sont et mourir sur place ou se remettre en marche, et que la mort les cueille en chemin, plus prompte peut-être à venir les y chercher. Mais Marisa s'est levée et se traîne déjà sur la piste, poursuivant son fantasme. Ils cheminent depuis dix minutes à peine lorsque la vieille s'arrête, ébahie.

«Nous arrivons à la porte de quelque émirat : les jardins de ce prince sont fabuleux, Vincent!»

Vincent, très ému, se fait décrire la vision féerique. Tandis qu'ils approchent, ayant retrouvé quelque énergie, Marisa, tout excitée, rend compte à mesure du spectacle merveilleux qui se révèle à ses yeux.

«Décris les fontaines, Marisa! Sont-elles nombreuses?

– Innombrables! Il y en a des centaines! Des centaines de fontaines blanches, taillées dans le marbre, avec de grands jets d'eau fraîche et limpide. Ah, vivement que je boive à cette eau!

– Attends, mon amie. Ne bois pas encore! Nous devons trouver la fontaine de jouvence, celle qui te rendra ta jeunesse et sa santé. Décris encore ce que tu vois : les fontaines sont-elles grandes? Et magnifiquement sculptées?

– Très grandes! Avec des bassins où pourraient patauger à l'aise vingt baigneurs! Et des jets de dix mètres de haut! Les sculptures sont splendides : dauphins, chevaux de mer, ondines, béliers, lions, poissons, éléphants...

– Toutes différentes?

– Toutes! dit Marisa, regardant de tous ses yeux. Viens, mon ami, approche, buvons et baignons-nous dans l'eau fraîche!

– Attends... sommes-nous bien entourés des fontaines?

– Tout entourés de centaines de fontaines merveilleuses!

– Alors, regarde bien, attentivement, Marisa. Choisis ta fontaine, celle qui contient l'eau de jouvence, choisis-la avec soin.»

Posant son bras décharné sur l'épaule de la vieille, Vincent ajoute :

«Prends tout ton temps, mon aimée, choisis. Peut-être n'est-ce pas la plus grande, ni la plus magnifique; choisis avec les yeux du cœur.»

Marisa, ravie comme une enfant, court d'une fontaine à l'autre. S'arrêtant au contact de la main de Vincent et paraissant avoir retrouvé ses esprits, elle dévisage son compagnon : «Non, c'est à toi mon vieux mari, toi qui n'y vois presque plus rien, c'est à toi de choisir.»

Elle le prend par la main, grave soudain :

«Choisis pour nous, mon amour, choisis dans ta nuit.»

Le vieil homme semble se recueillir.

Puis :

«Celle-ci», dit Vincent.

Il se la fait décrire. Quelques secondes s'écoulent en silence. Puis les deux vieillards s'étreignent.

«Buvons maintenant.»

Ils boivent, côte à côte.

Alors le miracle s'accomplit.

Une soudaine et vive chaleur pénètre leur corps comme une flamme qui rayonne de leur poitrine vers chacun de leurs organes, irradie chaque cellule. Une ardeur, une vigueur neuve les anime, se communique à leurs membres, avive leur esprit. Les yeux de Vincent s'ouvrent à la clarté du jour sur l'admirable vision que composent les fontaines étincelantes, la splendeur du ciel d'azur, la fraîcheur de sa belle compagne aux joues roses et aux cheveux bruns lustrés.

Ils se jettent éblouis dans les bras l'un de l'autre.

Après s'être baignés dans les fontaines, aimés sur le sable et longuement mirés dans l'eau limpide, ils reprennent le chemin du retour. Envahis par un bonheur sans bornes, ils marchent avec entrain et couvrent en un jour la distance parcourue en sens inverse en deux fois plus de temps. La joie éclate sur leur visage. Est-ce de retrouver l'autre dans le rayonnement de ses vingt ans, alors qu'ils se contemplent tels qu'ils se sont jadis aimés, qui cause leur félicité? Jouissent-ils plutôt de la puissance radieuse de leur propre corps rajeuni de plus d'un demi-siècle? Ils parlent peu, se sourient de temps à autre, les yeux brillants. Ils se frôlent en marchant ou se saisissent la main, leurs gestes vibrant d'allégresse. Mais on dirait que par ces attentions qu'ils se prodiguent, sourires, enlacements, ils cherchent surtout à s'assurer qu'ils ne rêvent pas; et que, dans les yeux de l'autre, ils quêtent le reflet de leur jeunesse retrouvée, la grâce de leur propre corps. Ils cheminent et leur regard extatique semble indiquer que l'ivresse de leur métamorphose les presse l'un vers l'autre, plus, peut-être, que la tendresse.

Vers la fin du jour, l'attention des jeunes gens est attirée par un bruit de moteur et ils aperçoivent un véhicule au loin, sur une piste qui croise la leur. Celui-ci se rapproche et bientôt une Land-Rover stoppe à leur hauteur. L'automobiliste les invite à monter : Vincent et Marisa ne se font pas prier. La conductrice, aux lunettes de soleil noires, est journaliste; sa chevelure jette de beaux reflets cuivrés.

Elle parle avec volubilité et son sourire dans son visage bronzé découvre des dents éclatantes, chaque fois qu'elle se tourne vers Vincent, assis à l'arrière du véhicule. Celui-ci la regarde avec admiration et boit ses paroles, penché en avant pour l'entendre à travers le bruit du moteur. Ayant appris que la belle journaliste se dirige vers la capitale, il exprime le désir de l'y accompagner, expliquant qu'il doit chercher un emploi. Il assure Marisa qu'il vaut mieux qu'il s'y rende seul : leurs économies sont trop maigres pour leur permettre de séjourner tous les deux dans la métropole. Il promet de lui téléphoner tous les jours et d'être de retour dans peu de temps. La conductrice dépose Marisa à la gare. Celle-ci, stupéfaite de la tournure prise par les événements, monte dans le train et, s'asseyant sur la banquette, pleure amèrement.

Un jeune voyageur assis de l'autre côté de l'allée s'émeut du spectacle de cette femme charmante et seule, à la grâce un peu surannée et aux beaux yeux éplorés. L'abordant, il insiste avec gentillesse pour l'inviter au wagon-bar prendre un cognac, afin de lui remonter le moral. Dans son désarroi, sensible aux attentions du voyageur, de même qu'à son regard vert caressant, Marisa se laisse conduire. La chaleur soudaine du cognac se répandant dans ses veines lui remémore l'eau miraculeuse et sa jeunesse retrouvée. Essuyant ses yeux, elle sourit au jeune homme. Au bout d'un certain temps, sous l'insistance de son regard, elle finit par se sentir troublée et ces émotions nouvelles lui paraissent délicieuses. Quand il lui demande de la revoir, elle accepte.

Sur le quai de la gare où elle est descendue, Marisa se tourne vers son compagnon de voyage qui l'escorte, empressé; elle lui sourit. Le vent tiède du soir apporte les bruits de la ville, chargé d'un relent de goudron. Il frôle les joues de Marisa, suave comme une brise printanière.

L'argile

L'astronef est un de ces modules à un passager à bord desquels les navigateurs de l'espace errent solitaires entre les étoiles, comme jadis les aventuriers de la mer confiaient aux vagues leurs frêles esquifs. Le pilote, une femme d'une quarantaine d'années, a arpenté l'espace plus longtemps que sa terre d'origine. Depuis environ une heure, une petite planète inconnue est entrée dans son champ visuel mais l'astronef subit son étrange attraction depuis la veille. Isa, qui n'a presque pas dormi, s'efforce encore de le maintenir dans sa trajectoire. La planète semble posséder une force gravitationnelle exceptionnelle par rapport à ses dimensions modestes. Bientôt, Isa sent qu'elle perd le contrôle de son véhicule et qu'il ne lui reste d'autre solution que de se préparer à un atterrissage brutal.

En arrivant au sol, le vaisseau fusiforme s'est enfoncé d'un bloc jusqu'à la moitié de sa hauteur, préservé de l'écrasement par la nature spongieuse du terrain. Isa, indemne bien que secouée, réussit à émerger à l'extérieur par le sas de secours. Avant de se laisser glisser à terre, un examen attentif des alentours lui permet de constater que la zone où elle a atterri avec turbulence s'étend à perte de vue, sans relief, uniforme et déserte, telle une immense plaine argileuse. Après avoir sondé prudemment le terrain, Isa y pose le pied puis tâte la terre souple et luisante. Elle s'éloigne de quelques pas pour constater qu'elle s'enfonce un peu dans le limon. De retour à la fusée immergée dans la boue, Isa se hisse dans l'habitacle et, après avoir mangé légèrement, se dispose à étudier la situation. Celle-ci n'apparaît guère brillante : ses appareils de radio ont cessé de fonctionner, la voyageuse se trouve paralysée sur une planète inconnue, seule, sachant que toute tentative d'éloignement dans ce désert meuble, qui n'offre aucun repère, pourrait lui coûter la vie. S'étant levée, Isa remarque, alarmée, que les hublots encore dégagés une heure auparavant sont presque entièrement obstrués de l'extérieur. Un coup d'œil au dehors lui apprend que l'astronef s'est encore enfoncé. Hâtivement, elle emballe des objets de première nécessité : outils, arme, sac de couchage, trousse médicale ainsi que de la nourriture et des réserves d'eau, et quitte l'abri précaire de la capsule. Peu après, ayant installé son campement à quelque distance, elle se prépare à une longue soirée solitaire sous la voûte céleste silencieuse, tandis que la lumière baisse en un crépuscule laiteux. Étendue sur son sac de couchage, Isa contemple le ciel clair et sans étoiles, n'arrivant pas malgré sa fatigue à trouver le sommeil. La voyageuse s'assoupit enfin, profondément. Lorsqu'elle s'éveille quelques heures plus tard sous un jour pâle et voilé, elle s'aperçoit qu'il ne reste aucune trace de l'astronef. Le sol l'a englouti et s'est refermé sur sa proie d'acier, aussi lisse qu'une nappe d'eau. Isa songe qu'il ne lui reste pas d'autre choix que d'essayer de franchir cette plaine déserte au sol vorace, dans l'espoir de trouver un horizon plus accueillant. Rassemblant ses affaires, l'exploratrice se met en route.

Sous le poids de son chargement et sous l'effet d'une pesanteur accrue, Isa s'enfonce à chaque pas dans le sol mou. Son corps et son havresac lui paraissent peser le double de leur poids ordinaire; elle se traîne péniblement dans la glaise, sondant le terrain devant elle. Après quelques heures de marche exténuante entrecoupée de nombreux arrêts, Isa se déleste de plusieurs objets, ayant déjà abandonné en route ses bottes qui ralentissaient sa marche. Le contact de la terre souple sous ses pieds lui paraît agréable et la température douce lui permet d'alléger sa tenue en se débarrassant d'incommodes vêtements alourdis par la boue. Quand elle avance, les pulsations de son sang dans ses artères lui semblent résonner comme le bruit sourd et précipité d'un ressac. Vers la fin du jour, la marcheuse se rend compte que malgré l'effort et la fatigue, elle n'a que peu ressenti la faim ou la soif. Le désert argileux s'étend devant elle à perte de vue, plat et sans autre horizon qu'un ciel blême. Quand la nuit claire descend à nouveau sur la plaine, Isa défait son sac, grignote quelque nourriture; puis s'étant assise et caressant de la main la terre lisse, comme pour l'apprivoiser ou en goûter la douceur, elle finit par s'étendre à même le sol et s'endort d'un sommeil calme et profond.

À son réveil, Isa se sent plus légère, de corps et d'esprit. Sautant sur ses pieds, à peine surprise d'être débarrassée de cette encombrante sensation de pesanteur, elle abandonne sur place une partie de son chargement et se remet en route, sereine. Au bout de plusieurs heures de marche, progressant à bonne allure malgré la nature du terrain, l'exploratrice finit par s'étonner de son exceptionnelle forme physique : alors que la veille, harassée, elle multipliait les pauses, elle ne s'est que peu arrêtée depuis le matin. L'allégement de sa charge ne suffit pas à expliquer ce changement. Comment son corps a-t-il pu s'adapter aussi rapidement aux conditions ambiantes (pesanteur, nature du sol, etc.)? Pourquoi son esprit, alors qu'elle se trouve dans une situation précaire, est-il aussi léger? Elle s'est réveillée, fraîche, après avoir dormi sur le sol, sans sac de couchage, d'un sommeil tranquille. Elle se demande si la terre possède des propriétés vivifiantes, le contact avec l'argile restaurant ses forces à mesure qu'elles s'épuisent et accroissant sa résistance. Isa s'étonne aussi de ne ressentir ni la faim ni la soif : elle n'a que peu touché à ses provisions depuis deux jours. Son hypothèse au sujet des possibles vertus de la terre semble se confirmer les jours suivants, la marcheuse éprouvant de moins en moins la fatigue alors que ses trajets quotidiens s'allongent; en même temps elle constate que ses provisions de nourriture et d'eau lui sont devenues inutiles, ce qu'elle est obligée d'admettre sans pouvoir l'expliquer. Elle se décide à s'en défaire après quelques jours, ayant déjà semé sur son chemin la presque totalité des affaires qu'elle a emportées, au mépris de toute prudence. Il lui vient à l'esprit que ces objets pourront lui servir de jalons, comme les cailloux du Petit Poucet, advenant qu'elle soit obligée de retourner sur ses pas; mais elle comprend aussitôt que, telles les miettes mangées par les oiseaux du conte, chacun d'eux sera lentement absorbé par le sol et que son passage ne laissera aucune trace.

Pendant des jours, Isa progresse vers un but de plus en plus vague, lointain, indéfinissable. La surface entière de la planète semble revêtue de la même peau d'argile, épaisse et élastique et aucune forme de vie ne paraît y avoir pris racine. Pourtant cette uniformité n'exprime pas la désolation. Isa croit parfois sentir respirer la terre sous ses pieds nus, comme si elle s'animait, tiède, moelleuse. Et même si elle aspire certains jours à voir le soleil percer de ses rayons flamboyants le voile blanc du ciel et rêve au fleuve d'azur qui coulerait au-dessus de sa tête, la température clémente, les nuits laiteuses, l'atmosphère feutrée de la planète lui procurent une sensation de bien-être qui dissout toutes les interrogations et l'inquiétude du lendemain.

Rien ne paraît distinguer un jour du suivant. Pourtant Isa, attentive au moindre changement du ciel ou de la terre, note un matin une modification de la densité du terrain. Le sol, plus mou, semble céder davantage sous son poids et elle s'enfonce à plusieurs reprises. D'abord, elle ne croit pas que la terre qui la porte depuis des jours, lui communiquant à chaque réveil des forces neuves, puisse présenter un danger. Habitée depuis longtemps par un sentiment de quiétude et de sécurité, elle a même été amenée à se démunir de son arme (il est vrai qu'elle a combattu un certain temps cette impression de semi-euphorie, jugée dangereuse). Confiante dans le sol qui la nourrit, Isa ignore la menace nouvelle jusqu'à ce que s'étant enlisée profondément et dégagée avec peine de la boue, elle sente la peur s'insinuer en elle. Isa n'ose plus avancer. Elle songe à reculer mais déjà la boue a lissé ses traces et, prostrée au milieu du désert suintant, pour la première fois elle se sent seule et perdue. Se guidant sur la position du soleil blafard comme elle l'a fait jusque-là, elle tente de rebrousser chemin en rampant sur la terre mouvante où elle peut sombrer à chaque instant. Elle se traîne, le ventre serré par l'angoisse, incertaine de la direction à suivre et demeure un temps effondrée sur le sol. Puis se relevant et cherchant dans le ciel livide un encouragement, elle fait un pas : la terre soudain se dérobe et elle se sent aspirée vertigineusement par la glaise flasque qui l'enrobe, l'englue, l'étouffe. Elle hurle mais déjà la boue vorace lui enserre le cou, emplit sa bouche, s'infiltre dans son nez. Suffoquée, Isa perd conscience. Alors, brusquement, la terre suspend son œuvre de mort. Le sol se stabilise. L'argile lâche sa victime et Isa, repoussée à la surface par une force énorme et inexplicable, surgit des entrailles visqueuses de la terre, informe, comme un paquet de boue et se trouve rejetée à l'extérieur, inerte.

Quand elle revient à elle, Isa, épouvantée, est peu à peu gagnée par la stupéfaction d'être en vie et d'avoir été l'objet d'un phénomène incompréhensible. Elle se redresse péniblement, alourdie par la glaise, et reste un moment sans bouger avant de se hasarder à nouveau sur le sol, à genoux. Prenant appui sur ses bras, elle se traîne pendant quelques mètres avant de remarquer que le terrain semble s'être raffermi. Elle finit par se relever et poursuit sa marche d'un pas mal assuré, la peau et les cheveux raidis par l'argile, la gorge desséchée.

Des jours puis des semaines ont passé, identiques. Aucun autre incident n'est venu troubler le cheminement d'Isa, la monotonie des journées ouatées suivies de nuits pâles désertées par les astres. La voyageuse parfois se demande si, ayant parcouru toute la surface de la planète, elle n'en a pas entamé une seconde fois le tour, tant il lui semble arpenter depuis des mois la même plaine immuable. Elle progresse toujours vers l'ouest, suivant le mouvement du soleil qui rayonne d'une faible clarté diffuse. Un jour cependant, une condensation de nuages plus dense à l'horizon attire son attention. Alerte aux moindres variations du paysage, humant l'air chargé d'une plus forte humidité, Isa détecte une hausse légère de la température. Remplie à la fois d'anxiété et de joyeuse anticipation, elle accélère le rythme de son pas. Au bout de plusieurs heures de marche, Isa arrive en vue d'une immense étendue d'eau sous un couvercle de vapeur. Saisie, elle s'arrête et contemple, immobile, la mer coiffée d'un brouillard blanchâtre qui se confond au loin avec le ciel. Après avoir si longtemps borné ses regards à des horizons identiques, immuables, et s'être habituée à cette spectaculaire monotonie jusqu'à oublier qu'il puisse exister autre chose, Isa considère avec incrédulité la métamorphose. Elle craint d'affronter un mirage, mais s'étant remise en route, elle constate que l'illusion persiste à mesure qu'elle avance et se précise sous ses yeux sceptiques et enchantés. Bientôt, l'exploratrice parvient sur les rivages de la mer chaude et s'y établit.

Ainsi prend fin sa longue pérégrination.

* * *

Isa prend un peu de recul et contemple la stèle d'argile qu'elle vient de finir de modeler, dressée sur le sol comme une antenne, d'une hauteur supérieure à sa propre taille et d'une circonférence d'un mètre ou presque. Le rivage est planté de monolithes semblables qu'Isa bâtit depuis un temps indéfini. Elle ne sait pas ce qui la meut, la pousse à élever ces colonnes d'argile vers le ciel. Sont-elles, réminiscences lointaines de la fusée enfouie dans le sol, une tentative de communication avec d'invisibles étoiles? Ou Isa exprime-t-elle, par la création, sa vitalité au sein d'une existence primaire, suppléant la nature dans un monde inachevé? L'ex-voyageuse ne se pose pas de questions. Sa pensée flotte, effleure les stèles, le rivage, mouvante comme une aile; parfois lui reviennent des bribes d'un passé oublié, des mots, le refrain d'une chanson. Les stèles les plus anciennes, déjà, sont à demi résorbées par le sol. Indifférente, Isa poursuit son œuvre de bâtisseuse. La terre absorbe peu à peu toute forme qui se manifeste, comme pour la rendre à la matrice originelle. Le corps même d'Isa subit d'étranges métamorphoses; elle ne semble pas s'en apercevoir. Ou peut-être s'est-elle arrêtée un matin sur la plage, effleurant des doigts son front lisse, ses joues aux contours fermes, touchant ses seins menus, son ventre plat, ses hanches étroites; perplexe, elle semble réfléchir. Le souvenir d'un autre corps lui revient, aux seins lourds, au ventre et aux cuisses épanouis. Elle empoigne d'une main couverte d'une croûte argileuse l'épaisse chevelure qui tombe dans son dos et la ramène devant ses yeux : la longue torsade noire fait surgir en elle une autre image, encore plus ancienne, celle d'une très jeune fille à la chevelure identique et au corps mince comme une flûte. Isa tâte ses cuisses fines et se penche, laisse sa main glisser le long de sa jambe, suit la courbe du pied et promène ses doigts, comme en jouant, jusqu'au bout de ses orteils.

Les monolithes que bâtit Isa atteignent maintenant à peine la moitié de la taille qu'ils avaient autrefois. Isa délaisse souvent son ouvrage et se met à courir le long de la mer sur ses jambes agiles. Son rire fuse quand elle se jette dans l'eau chaude, accompagné du bruit des éclaboussures, puis il est absorbé par la buée. Mais il arrive aussi, parfois, que les pleurs d'Isa jaillissent, quand le sentiment soudain trop lourd de sa solitude l'envahit. Ses larmes se mêlent à la glaise qu'elle pétrit.

Isa est assise au bord de l'eau, son corps gracile maculé de boue. Elle façonne des sphères d'argile, dans lesquelles elle enfonce deux doigts, à l'image de ses yeux. Ses longues mèches noires glissent sur son front et elle les repousse vers l'arrière de sa main pétrie de glaise. Dans son dos, la plaine s'étend, jaunâtre, uniforme. Ça et là, quelques champignons d'argile sont tout ce qui reste des hauts blocs qui ont donné vie, un temps, au rivage. Isa malaxe la boue avec application entre ses paumes. Tout à coup le vol fugitif d'un oiseau traverse sa mémoire; elle s'arrête quelques secondes sur le souvenir passager et, ses doigts poursuivant l'image pour la retenir, étirent la forme qu'ils façonnent. Abandonnant son occupation, Isa passe ses mains sur son visage, se lève et s'avance vers la mer. L'empreinte de ses pieds menus s'inscrit à peine dans l'argile humide. L'argile boit les traces, redevient lisse, satinée, étale. Isa entre dans l'eau. Sa silhouette frêle d'enfant se fond dans la buée.

La forêt qui pleut

Un modeste café-restaurant à l'entrée d'une petite bourgade brûlée de soleil, dans une région semi-désertique. Le restaurant est flanqué d'un motel peu reluisant et d'un poste d'essence.

À l'intérieur de la salle, deux voyageurs arrivés la veille avalent un café en mangeant une omelette, chacun à une table. L'un d'eux, un petit homme pansu à la mine réjouie, ayant fini son petit déjeuner, se lève et s'approche du comptoir.

– C'est combien, pour les rêves? demande-t-il guilleret, après avoir payé la note au patron.

– Comment ça, pour les rêves? interroge surpris celui-ci, un Turc corpulent et de haute taille.

– Pour les rêves qu'on fait sous votre toit, rétorque gaiement le petit homme. Les beaux rêves, vous les facturez combien?

– Ah, répond le Turc dont le visage s'éclaire tout entier, vous avez fait un beau rêve, cette nuit? Eh bien, tant mieux! C'était à propos de quoi? ajoute-t-il curieux.

– D'une forêt, mais pas n'importe laquelle, ça non! Une forêt extraordinaire qui pleut une pluie fraîche comme il n'en est pas tombé depuis longtemps!

– Eh, une forêt qui pleut, dans ce désert, ça c'est un rêve pas banal! Alors, si vous nous le racontiez? On aime les histoires, ici, surtout quand elles sont rafraîchissantes! conclut le colosse ravi de son bon mot, avec un large sourire.

– C'est peut-être un présage, intervient la patronne, une énorme brune au visage avenant. Qui sait? Un rêve de pluie qui nous portera chance?

– Eh bien, si ça vous fait plaisir... c'est d'accord! acquiesce le client qui n'attendait que l'invitation.

Je m'étais endormi quand j'ai senti soudain un chatouillement sur la peau, comme les pattes d'un insecte qui parcourait mon cou. Je m'apprêtais à éliminer l'importun d'une pression de mon pouce lorsqu'un monstre se dresse devant moi. Sa tête énorme et noire porte deux yeux globuleux proéminents qui me glacent d'effroi. De longues antennes se dressent à proximité de mon visage et des mandibules menaçantes frémissent dans ma direction. Terrorisé, je comprends que j'ai devant moi une fourmi géante. À peine cette pensée m'a-t-elle effleuré que l'insecte redoutable disparaît et qu'une voix s'insinue dans mon oreille.

Ne crains rien, susurre cette voix. J'ai dû prendre cette forme monstrueuse pour éviter d'être écrasée par ton geste irréfléchi. Je connais l'existence d'une forêt merveilleuse dont chaque arbre est un gigantesque réservoir d'eau. Suis-moi, tu feras jaillir les sources des racines et de chaque rameau et tu pourras t'abreuver, toi et ta terre.

Je ne suis pas agriculteur mais dans mon rêve, je possédais une parcelle de terrain qui semblait assoiffée. Émerveillé des paroles de l'insecte, je me redresse et le suis aussitôt. Nous nous retrouvons bientôt au milieu d'une forêt d'arbres colossaux, magnifiques. Ils s'élèvent à plusieurs dizaines de mètres de haut et leurs troncs ont une circonférence telle que les bras de six hommes en feraient à peine le tour. L'écorce est lisse sous ma main et le feuillage dense et fourni, d'un vert profond, jette un ombrage frais sur la terre desséchée. Malgré l'énorme couronne de feuillage qui forme d'un arbre à l'autre une couverture impénétrable, la forêt ne baigne pas dans l'obscurité; il y règne un jour agréable.

Tandis que, plongé dans l'enchantement, j'admire les arbres splendides, une rumeur s'élève, comme un bourdonnement, un gargouillis indistinct. Le bruit grossit, se répand, s'amplifie jusqu'à devenir roulement, grondement, vacarme assourdissant. Effrayé, je cherche à fuir mais les arbres géants m'encerclent comme une armée de sentinelles entre lesquelles je me sens pareil à un misérable insecte. Tandis que je scrute le sol pour trouver mon guide, le brouhaha se précise en un gargouillement énorme qui remplit toute la forêt. En même temps, l'eau commence à sourdre des racines en cent ruisseaux, en autant de fontaines. Et le bruit s'intensifie en une clameur de cataractes : l'eau se met à jaillir des branches, des rameaux, en milliers de cascades. L'épais feuillage bientôt trempé laisse couler au sol une pluie pressée, abondante, drue, et sur la croûte dure de la terre s'élancent les sources et les ruisseaux, bondissent les torrents et grossissent les rivières. Et moi, la tête levée, je reçois debout les cascades qui fusent des branches, giclent des rameaux et l'eau tiède qui s'écoule des feuilles à profusion comme une sève opulente et limpide.

Pendant le récit, les quelques auditeurs qui se trouvaient là se sont rapprochés pour ne rien perdre de l'histoire. La serveuse, une petite femme jeune et maigre, fixe sur le conteur des yeux fascinés. Quelques clients qui viennent d'entrer écoutent aussi, l'un un sourire un peu narquois aux lèvres, d'autres avec l'attention ingénue que l'on prête volontiers aux récits merveilleux. Dans un coin peu éloigné de la salle, la voyageuse assise à table, une grande femme aux yeux clairs, a cessé de mastiquer pour mieux tendre l'oreille. Quand le conteur se tait, elle se lève et s'approche du groupe.

– C'est un beau rêve, monsieur, dit-elle, et une curieuse coïncidence, parce que moi aussi j'ai rêvé de pluie la nuit dernière.

– Pas possible! s'exclame le Turc. Deux rêves de pluie par cette chaleur, dans mon motel, c'est plutôt extraordinaire. Faut-il le voir comme un présage ou comme un petit coup de pouce céleste – Allah en soit remercié – pour rafraîchir les clients la nuit quand la climatisation est en panne? Ah! Ah!

– Un présage, renchérit sa femme sous les rires soulevés par la plaisanterie, qu'est-ce que je disais? Ça a sûrement une signification.

– Ce n'est pas tout à fait un rêve de pluie, précise la voyageuse, enfin, la pluie ne tombe pas dru comme dans le rêve de ce monsieur, mais on sent qu'elle se prépare.

– Racontez-le, madame, prie la serveuse, les yeux brillants.

– Eh bien, si ça vous fait plaisir, dit la rêveuse. Ce n'est pas une histoire aussi extraordinaire que celle racontée par monsieur, mais c'est un beau rêve. Et je soupçonne le patron de nous avoir fait boire quelque filtre, hier soir, ajoute-t-elle en se tournant vers le Turc épanoui, avec un sourire.

Dans mon rêve régnait le vent, et la caresse du vent était la seule douceur sur la terre fossilisée. Le ciel s'était figé comme un miroir, traversé des lances enflammées du soleil. Le vent, parfois, se faisait soyeux, parfois se déchaînait en bourrasques, d'autant plus violentes que c'est en vain qu'il s'acharnait, seule forme de vie dans ce monde pétrifié.

Mais soudain surgit une fillette. On ne sait pas d'où elle venait.

Quand le vent l'aperçut, de loin, il se tapit contre la terre durcie pour l'observer. Elle était grande et brune, presque noiraude, comme la terre elle-même, et arrivait en courant, vêtue d'une robe légère, ses cheveux noirs flottant dans son dos. Elle courait et c'était merveille de voir son corps élastique bondir sur le sol rude, s'élancer à la poursuite de quelque compagnon invisible, s'arrêter… et repartir, cabriolant comme un chevreau. Le vent la regarde folâtrer et de voir le ballet de ses jambes et de ses bras, l'ivresse le gagne et d'un saut, il la rejoint. La fillette le sent, qui gambade à ses côtés comme un animal en fête et tend les bras pour le saisir, mais il s'esquive. Elle rit et le vent l'assaille de caresses et s'excite dans ses cheveux, à les voir se soulever en gerbes et se tordre au gré de son souffle. La fillette pousse des cris de plaisir et le vent fougueux l'enlace, relâche son étreinte, s'évanouit. Elle le cherche et il revient sans bruit, la saisit aux cheveux, lui fouette la nuque, se laisse couler le long de ses bras nus et se balance dans sa jupe. Et de voir voltiger sa robe dans le vent, la fillette rit aux éclats.

Cependant, le ciel au-dessus de la terre inerte étale son azur vitrifié. Et le débris de nuage qui s'en vient a l'air de flotter sur la glace. Le vent l'aperçoit le premier et se fige de surprise, à voir ce filament cotonneux traîner sur l'horizon. Il s'élance dans les airs pour l'observer de plus près. Prudent d'abord, il se tient à distance et l'examine, tandis que la fillette, le nez en l'air cherchant son compagnon, le remarque à son tour. Et le nuage glisse, fragment de dentelle effilochée sur l'azur laqué. Le vent s'enhardit et lui souffle au visage. Surpris, le nuage se recroqueville, attend. Le vent souffle encore, l'effrange, l'éparpille; le nuage essaie de se ressaisir. Et la fillette, au sol, assiste ravie aux jeux du vent qui s'égaie comme un chat déroulant une pelote de laine. Un léger coup de patte et le nuage s'effile, le vent le reprend, l'étire, l'enroule, le déploie et fait naître des formes étonnantes : un éléphant, un cheval au galop, un oiseau aux ailes étendues, un poisson, un cygne. L'enfant, émerveillée, suit d'en bas ces métamorphoses.

Quand le vent s'est fatigué du nuage et qu'il ne sait plus quoi inventer, il redescend et, comme un animal turbulent, assaille la fillette qui perd l'équilibre. Elle se relève, se met à courir et le vent la poursuit. Longtemps ils sautent et batifolent, jusqu'à ce que la fillette épuisée se laisse tomber à terre. Alors le vent se calme et pour la rafraîchir se fait brise légère.

La fillette s'est allongée sur le sol craquelé face au ciel glacé. Le vent s'attarde auprès d'elle, la berce et lui chante de douces chansons d'eau qui lui reviennent en mémoire. La fillette l'écoute; la terre aussi l'entend et le murmure du vent s'insinue jusqu'au fond de ses entrailles par chacune de ses crevasses. Et la chanson, quelque part, très loin, réveille un filet d'eau assoupi. L'eau lentement se dégourdit et cherche une fissure pour monter vers le jour. Déjà il lui tarde de sourdre à la surface, d'humecter la croûte sèche du sol et de sentir dans son corps d'eau ruisseler la lumière.

Le vent est anxieux. Il sent que quelque chose se prépare, il respire l'odeur de l'eau qui s'infiltre dans les failles. À l'horizon, un débarquement de nuages le préoccupe. L'agitation le gagne, la tentation de bondir vers le ciel pour aller semer la panique là-haut; ils sont gros et noirs, ceux-là, viennent-ils avec des menaces? Quel spectacle ce serait, quelle déroute pour l'adversaire, quel splendide ouragan s'il s'en mêlait! Mais il sait, le vent, qu'il doit rester tranquille et attendre, ne pas déranger les choses qui sont en train. Il fait taire sa fièvre et se met à éventer doucement la fillette endormie contre le ventre de la terre qui remue.

Quand la rêveuse s'arrête de parler, les auditeurs, charmés, gardent le silence. L'énorme patronne le rompt la première, émue :

– Ah! voilà un beau rêve! Et comme vous le racontez! On croirait que vous lisez un livre de poésie!

– Écrivez-vous des romans, madame? interroge le voyageur grassouillet. Il me semble vous avoir déjà vue. À la télévision, peut-être?

– C'est possible, répond la conteuse, mais je ne suis pas romancière; je suis comédienne.

– Ah, voilà qui explique votre talent pour raconter une histoire, s'exclame le patron. Je suis très honoré de vous compter parmi mes clients, et vous aussi monsieur.

– C'est un beau récit, ajoute, timide, la jeune serveuse à l'adresse de la conteuse. Et c'est vraiment bizarre, vous savez... (Elle hésite, n'osant poursuivre, mais le cercle de l'auditoire fixe sur elle dix paires d'yeux interrogateurs.) C'est vraiment bizarre, mais moi aussi j'ai fait un rêve!

– C'est pas vrai! dit le patron incrédule. Tu as aussi rêvé de vent et de pluie?

– Oui, acquiesce la serveuse embarrassée. Mais c'était pas hier soir, c'était il y a une ou deux semaines. C'est un rêve d'eau, un peu comme celui de madame. (Les joues roses, elle se tourne vers la voyageuse comme pour s'excuser.) Je l'ai écrit, pour m'en souvenir. Aimeriez-vous le lire? demande-t-elle à la comédienne. Si vous voulez bien excuser les fautes d'orthographe.

– Pourquoi ne pas en faire profiter toute l'assemblée? suggère le patron avec bonhomie. Je serais curieux de savoir ce que tu écris dans tes cahiers, Suzette, hein! Va donc le chercher.

— Il n'en est pas question, réplique la patronne. Ce qu'écrit Suzette la regarde. L'ouvrage attend. Ces messieurs dames nous ont charmé les oreilles avec leurs rêves, et j'espère qu'ils viendront en faire d'autres quand ils repasseront par la ville, ajoute-t-elle gracieusement à l'adresse des voyageurs. Mais on ne peut pas passer la journée à écouter des histoires!

— Un troisième rêve, n'est-ce pas un présage encore plus étonnant? intervient la comédienne avec un sourire. Cela me ferait plaisir de l'entendre, si vous le permettez.

— C'est bon, consent la patronne. Raconte donc ton rêve puisque madame veut l'écouter.

Et, se détournant, elle se met à astiquer le comptoir, vigoureusement.

— Puisque vous êtes actrice, vous le lirez bien mieux que moi, madame, dit Suzette, confuse et ravie.

— Non, non, nous vous écoutons.

Dans mon rêve, il y avait, il y a bien des générations, sur les bords d'un fleuve, une ancienne et brillante civilisation. Elle s'étendait dans toute la plaine à perte de vue et, au-delà de l'horizon, elle progressait encore, rampait comme un énorme lichen sur la surface de la terre qui avait la forme d'un disque. Les rivages des océans semblaient reculer sous sa menace dévorante. Car c'était une civilisation vorace, qui déployait ses puissants tentacules dans toutes les directions, telle une monstrueuse araignée tissant sa toile de béton. Les forêts qui abritaient une vie intense et mystérieuse sous leurs arbres millénaires avaient disparu, étouffées. Les oiseaux, privés de leur couvert, avaient déserté le ciel. Et le fleuve avait vu ses eaux sauvages emprisonnées par un corset d'une minérale blancheur.

Les anciens rêvaient encore, parfois, à cette monstruosité de béton dont l'évocation les fascinait : création prodigieuse autant que démente, dans laquelle bouillonnait une vie ardente, comme un métal en fusion dans le creuset de hauts fourneaux incandescents.

Comment cette civilisation brillante et maudite avait-elle disparu? Les anciens le contaient à mi-voix, parce qu'ils n'étaient pas tous d'accord, peut-être, sur l'origine et la couleur de l'oiseau. Pour certains, il était noir, d'autres juraient qu'il était blanc. Mais aucun ne se risquait à affirmer d'où il venait. Sur l'engloutissement de la ville, on racontait que l'oiseau, un jour, la survola en sifflant un trille vibrant sur deux notes. Chaque note échappée de son gosier tomba sur le béton comme une goutte de pur cristal et le fendit. Alors, de chaque fissure perla un mince filet d'eau, qui filtra bientôt en une source vive. Les failles s'élargirent, libérant des ruisseaux clairs et babillards, et partout, sur toute la surface de ce monde corseté de béton, des crevasses s'ouvrirent dans la minérale blancheur. Et l'on vit sourdre de tous côtés des fontaines, se presser des sources impatientes, sauter et cascader des rigoles de brèche en brèche, bondir des torrents turbulents, s'échapper des rivières échevelées. Bientôt le fleuve, piaffant et mugissant, libéra son épaisse crinière liquide et ses eaux fougueuses se ruèrent sur la calotte maçonnée de la terre et l'ensevelirent sous une écume effervescente.

— C'est toi qui as écrit ça? s'exclame le patron ahuri à l'adresse de la serveuse, rouge comme un piment. Eh bien, si je me doutais... (Il secoue la tête.) Mais où as-tu appris tous ces mots, Suzette? Et en plus, c'est écrit au subjonctif!

– Passé simple, rectifie un familier de l'endroit. Tu écris comme un livre, Suzette. On dirait que tu es allée à l'université!

– C'est vrai, c'est très bien écrit et c'est un très beau rêve, dit la comédienne.

– Moi, cette histoire de déluge ne m'a pas l'air de bon augure, déclare la patronne. Qu'est-ce que c'est que ce béton qui craque, comme si le Malin avait mis la main à la pâte pour le fabriquer et étouffer le monde dessous.

– Mais, c'est que ça ne concerne pas notre ville, dit fermement son mari en dédiant à la serveuse écarlate un coup d'œil caressant. Le béton, c'est la capitale. Sûr que le Malin a mis là-bas la main à la pâte, avec toutes ces autoroutes, ces édifices de béton, les parkings et le reste. Le mal, il est pas chez nous. Et le rêve de la petite, eh bien, moi je crois qu'il est de bon augure.

Suzette adresse un regard reconnaissant à son colosse de patron, tandis que le reste de l'auditoire s'agite et renchérit :

– La capitale aurait bien besoin d'une petite leçon. Vous m'excuserez, madame, vous y demeurez peut-être. Mais quant à moi, si je savais où dénicher ton oiseau, petite, je le lâcherais dessus, ça ne tarderait pas.

Un rire égrillard accueille la réplique véhémente; les commentaires vont bon train :

– Quand même, tous ces rêves, c'est extraordinaire! Moi qui ne rêve jamais!

– Je me demande si tout ça a un sens. Trois rêves d'eau, dans ce désert, c'est une sacrée coïncidence!

– Oui, mais dans le premier rêve, il pleut des branches des arbres; dans les autres, c'est de la terre que l'eau sort.

– Le rêve de Suzette, c'est curieux, mais on dirait un peu que c'est la suite du rêve de madame.

– Comment vois-tu ça?

– Eh bien, dans le rêve de madame, l'eau s'apprête à sortir du sol mais on ne la voit pas jaillir. Dans le rêve de Suzette, par contre, elle jaillit avec force. N'est-ce pas? Je ne sais pas ce que vous en pensez, dit l'homme, s'adressant aux deux femmes.

– Ah, Suzette! La crinière du fleuve qui cavale par-dessus le béton! Ça, c'est bien dit! Tu devrais écrire de la poésie, petite. Mais peut-être que tu en écris?

– Laisse-la faire son ouvrage, tu veux, et ne lui mets pas de sottes idées dans la tête. Allez!

Sans attendre le rappel de sa patronne, la serveuse s'est mise à débarrasser les tables; le Turc s'affaire auprès des clients au comptoir, tandis que s'échangent les derniers commentaires.

– Tout ça, à mon avis, ne veut rien dire; les rêves expriment des états psychiques.

Quelques clients déjà quittent l'établissement. La comédienne s'approche de la serveuse pour lui dire son plaisir d'avoir écouté son récit. Elle griffonne un autographe sur le cahier, puis rejoint le voyageur sur le pas de la porte. Celui-ci soupire à cause de la chaleur matinale.

– Eh bien, si je savais où trouver ma forêt, j'irais y chercher un petit rafraîchissement!

– Oh! s'exclame la comédienne, s'arrêtant net à la vue d'une fillette qui traverse à la course le terrain de stationnement.

– Voilà une petite qui m'a tout l'air d'être de la même famille que les patrons... quoique en ce qui concerne l'embonpoint, on pourrait hésiter! plaisante le petit homme jovial.

La fillette, d'une dizaine d'années, s'élance sur ses longues jambes brunes d'insecte; ses yeux sont noirs comme de la réglisse et ses cheveux longs et charbonneux battent sa taille élancée au rythme de la course.

– Cette fillette, mon dieu... dit la femme, c'est celle de mon rêve!

Et elle reste au milieu de la cour, sous le soleil déjà brûlant, l'air ébahi.

Le rendez-vous des sables

La plage s'étend devant le marcheur comme une plaine sans fin de sable humide. Depuis quelque temps déjà, les falaises qui épaulent la baie au nord et la côte plus basse au sud ne dessinent plus qu'une ligne pâle d'un côté, un peu plus appuyée de l'autre. De nombreux ruisseaux courent vers l'horizon, bondissent aux côtés du marcheur, poursuivant gaiement la mer qui se replie au loin. Les vagues ont sculpté dans le sable de larges ondulations saupoudrées de paillettes scintillantes. Des algues sont semées sur la grève, rubans bruns luisants déroulés à côté de feuilles de laitue chiffonnées. Le littoral nu donne l'impression que l'océan s'est égoutté subitement par quelque faille. Aussi loin que le marcheur porte ses regards, la plage se déploie déserte et sans relief, jusqu'au tracé qui souligne à l'ouest la lourde paupière grise du ciel, derrière laquelle la mer se retire, mystérieuse pupille.

Quand Daniel est arrivé dans la région, il y a quelques années, il a été fasciné par les prodigieuses marées de la baie de Solenne, où le mouvement d'oscillation des eaux joue sur une étendue très vaste, le reflux découvrant plusieurs kilomètres de littoral. Deux fois l'an, lors de l'équinoxe, la marée atteint une amplitude qui permet, au jusant, de gagner à pied le Château de la mer, entièrement submergé à marée haute. La randonnée ne se fait pas sans risques, toutefois, le récif étant situé à près de vingt kilomètres de la côte, l'aller et retour doit être effectué en moins de vingt heures, temps nécessaire au flux et au reflux des eaux.

Le Château de la mer constitue un site presque légendaire, du fait qu'il ne peut être entièrement observé que deux fois l'an lors des marées de vive-eau – ou grandes marées. La forme particulière du récif, forteresse couronnée de créneaux et de tours, accroît son attrait et son mystère. On ne s'étonne pas en le voyant que celui-ci nourrisse contes et mythes depuis des temps anciens. Daniel, quelque temps après son arrivée, avait pris plaisir à les entendre. Parmi les récits figure celui de la cité engloutie jadis par un gigantesque raz-de-marée; à cette autre Atlantide, Daniel préfère la légende de l'objet céleste qui se serait autrefois abîmé dans les flots. La force magnétique (ou magique) de l'objet serait à l'origine des formidables marées : l'histoire raconte que le vaisseau captif repousse la mer, cherchant à se dégager de sa prison liquide; et qu'un jour lointain il y parviendra et prendra à nouveau son essor vers les étoiles.

Attiré par la mer et l'étendue exceptionnelle de la laisse ou plaine marine désertée par les eaux, et curieux du récif qu'il a pu observer à l'aide de puissantes lentilles, Daniel a mûri le projet d'excursion durant plusieurs mois. Des promenades répétées lui ont permis d'étudier la nature du littoral, les mouvements de la marée et de préparer sa randonnée jusqu'au Château de la mer.

Daniel a ôté ses espadrilles pour traverser à gué un large ruisseau, avec de l'eau jusqu'à mi-jambe. Il poursuit son chemin pieds nus sur la grève de sable et de boue. Quoique le littoral soit plat, sa marche est ralentie par les plages de limon dans lesquelles il s'enfonce et qu'il doit contourner. Par contre, il progresse aisément sur le sable mouillé qui offre au pied un terrain ferme mais souple. Le modelé du sable par les vagues, inconfortable à la plante des pieds, contraint le marcheur, après un certain temps, à se rechausser.

Le vent qui balaie le littoral freine aussi la marche de Daniel qui doit avancer tête baissée pour lui donner moins de prise. Le soleil voilé par les nuages tempère à peine la fraîcheur de la brise. Après quelques heures de marche, la fatigue se fait sentir : étourdi par le vent qui entrave son allure et siffle à ses oreilles, Daniel rêve de trouver l'abri d'un rocher pour se reposer ou du moins une parcelle de sable sec et chaud pour s'étendre. Mais la grève, nue jusqu'à l'horizon, est imbibée par le flot qui se replie vers le large. Le marcheur se résigne à s'asseoir sur le sac dont il déleste son dos et contemple l'immense étendue qui se déploie devant lui. Il est parti ce matin, environ une heure après le début de la marée descendante. Le reflux progresse à un rythme légèrement supérieur au sien. Daniel devine la mer, au loin, qui poursuit son retrait vers l'ouest. Couvrant d'un regard circulaire l'étendue de la laisse, il éprouve, dans le silence habité par le vent, entrecoupé de temps à autre par le cri d'une mouette, un sentiment de bien-être profond. Grisé par l'infini de l'espace et la solitude, il ferme les yeux pour en savourer la plénitude.

Quelques instants plus tard, s'apprêtant à reprendre sa marche, il contemple derrière lui la distance franchie. Il lui semble alors apercevoir, au loin, un point en mouvement comme un minuscule insecte. Ajustant ses jumelles, il distingue la silhouette d'un autre marcheur. Il n'est donc pas seul dans ce désert marin, dans cet espace entre ciel et mer, désolé et grandiose à la fois? Quelqu'un d'autre que lui a entrepris la traversée de l'estran, cette longue marche solitaire appelée parfois le «voyage des sables». Cette pensée lui procure une onde de chaleur revigorante qui lui insuffle un nouvel entrain.

Daniel remarque que la pente du littoral, à peine sensible au cours des premiers kilomètres, s'est accentuée. Un rayon de soleil échappé des nuages s'accroche à l'horizon sur le Château à demi surgi des flots et en fait resplendir les tours. Le spectacle lui apparaît soudain si fantastique que Daniel n'est pas loin de croire à la légende fabuleuse de la cité engloutie. Le corps principal de la forteresse se dresse dans les vagues, défiant la masse liquide, épaulé d'un rempart garni de tours de différentes hauteurs, qui émerge sur plusieurs dizaines de mètres. Sculpté par la mer, le Château semble l'œuvre d'un architecte inspiré.

Le soleil, enfin parvenu à percer les nuages, illumine un étang de ciel bleu. La brise a soudainement perdu de sa force et la chaleur surprend le marcheur. Daniel laisse choir son sac sur le sable mouillé, en retire une gourde et verse dans son gosier sec un long filet d'eau. Il enlève son coupe-vent, vérifie derrière lui la progression de «l'insecte», qui a grossi. Curieux de savoir qui est ce marcheur qui maintient une bonne allure, Daniel décide de lui accorder un temps d'avance et s'étend sur le sable frais, la tête protégée du soleil par son blouson. Il se laisse béatement glisser dans une douce somnolence.

Durant son repos, la silhouette qui le suit s'est rapprochée. Quand Daniel émerge de sa bienfaisante torpeur, il peut l'observer à loisir à l'aide de ses jumelles. Il tressaille. C'est une femme, et il n'est pas sûr de la reconnaître, mais il a senti s'accélérer les battements de son cœur et s'en étonne.

* * *

La marcheuse progresse d'un pas régulier. Elle s'est peu arrêtée depuis qu'elle est partie, quelques minutes de temps à autre pour souffler. Elle en profite pour emplir son regard de l'immensité de la grève, ruisselante encore du

passage de l'océan. Quoique familière des longues promenades sur le littoral à marée basse, Alix n'est encore jamais
allée aussi loin et a l'impression de pénétrer au cœur
même de l'océan, dans un espace vierge, domaine des
hauts-fonds. Cet univers secret que dévoile la mer, roulant
ses vagues vers le couchant, la marcheuse en foule le sable
avec respect et émerveillement. Le reflux est comme un
grand habit liquide que repousse la mer, exposant son corps
sablonneux et lisse. Alix sait que nombreux sont ceux qui
l'ont piétiné au cours des ans, des siècles, et que chacun a le
sentiment d'être le premier. D'autres encore viendront
après elle : chaque année quelques voyageurs des sables
partent sur l'estran jusqu'au Château de la mer. Mais, si nombreux sont ceux qui entreprennent la traversée, peu se ren-
dent jusqu'au bout.

Depuis qu'elle est enfant, Alix rêve de partir à la conquête du désert de la mer. Née dans la rumeur des vagues
sur le littoral, son imaginaire est habité par cette présence
liquide, par ses puissants déplacements. Au cours des ans,
les circonstances, peut-être, ne lui ont pas permis de réaliser
ce rêve. Aujourd'hui, ses deux enfants presque parvenus à
l'âge adulte, seule depuis quelques années, elle répond à
l'appel pressant de la mer. Après tant d'années à rêver de la
traversée, la décision n'a pas été facile à prendre. Son fils
Jonathan est parti avec elle. Au fil des heures, la mère et
l'adolescent se sont écartés l'un de l'autre, habité chacun par
sa rêverie, sa solitude face à l'infini. Alix évoque avec tendresse la dernière vision qu'elle a de Jonathan : il s'est
éloigné pour entrer dans un étang peu profond, pendant
qu'elle poursuivait sans hâte son chemin, mettant ses pieds
nus dans les vaguelettes de sable. Au bout d'un moment,
tournant la tête, elle l'a aperçu dressé au milieu de l'étang. Ils
ont levé un bras presque en même temps pour s'adresser un
signe amical. Alix a attendu quelques instants puis a repris
sa marche vers l'ouest.

Les yeux fouillant la grève qui s'étend devant elle, la marcheuse croit distinguer une forme au loin, en mouvement. Serait-ce Jonathan? Elle s'étonne que son fils ait pu la devancer, Jonathan a plutôt tendance à flâner sur l'estran, suivant son rythme propre. Comme elle avance, elle ne reconnaît pas la silhouette du jeune homme, vêtu de clair. Elle se demande qui l'a précédée.

Alix observe la position du soleil pour déterminer l'heure approximative. Pendant qu'elle cheminait, l'astre est monté haut dans le ciel et commence à amorcer sa trajectoire descendante. Il lui semble soudain qu'elle marche depuis longtemps, non pas des heures, mais des jours. Le littoral est d'une majestueuse uniformité. La pente du rivage s'est accentuée pourtant, les mares d'eau se font plus profondes et on peut y découvrir de nombreux poissons, des étoiles de mer et des éponges qui y ont trouvé refuge. Le Château de la mer, quoique à demi émergé, semble toujours aussi éloigné. La fatigue commence à gagner la marcheuse, la chaleur devient intense. Elle décide de faire halte et se baigne longuement le visage et les bras dans un cours d'eau fraîche qui dévale la pente à toute allure. Après s'être désaltérée, Alix s'assoit sur le sable frais et se met à croquer des amandes.

* * *

Pendant qu'Alix, en chemin, sent la chaleur qui l'accable, Daniel s'aperçoit qu'il a ralenti sa marche. Il considère le récif à l'horizon, encore battu par les vagues, et cédant à une onde de lassitude, il se demande s'il ne se dirige pas vers un mirage. Le Château de la mer, dont les tours se découpent sur un pan de ciel radieux, n'est-il pas une apparition féerique, une illusion créée tout à la fois par la chaleur et la fatigue? Il évoque ce récit d'un rocher maléfique attirant les marcheurs dans l'antre de l'océan pour les abandonner ensuite à l'ogresse marine.

Dans l'immensité du désert humide, la solitude soudain lui est pesante. Alors il pense à la femme derrière lui et sa présence le réconforte. Il observe qu'elle s'est arrêtée; sa halte le contrarie. Il a déjà ralenti son allure, cherchant à réduire la distance qui les sépare. Il se décide finalement à l'imiter, dépose son sac et mange de bon appétit, face à la mer qui se retire de part et d'autre du récif.

* * *

Tandis que Daniel l'attend, Alix, qui se repose, songe à Jonathan. Elle se demande si son fils est toujours en chemin. Elle sait que s'il est retourné sur ses pas, ce n'est que partie remise; Jonathan tentera à nouveau le voyage des sables une prochaine année : on n'échappe pas facilement à l'envoûtement de la mer, on dirait que son puissant va-et-vient exerce une attraction sur les êtres pour les entraîner dans son formidable mouvement.

S'étant remise en route, Alix remarque que la distance qui la sépare du marcheur s'est amenuisée. Elle peut maintenant l'observer de dos, qui progresse sans hâte. Il a dû noter sa présence car il s'est retourné, à une ou deux reprises. Elle croit avoir reconnu le docteur, l'étranger qui s'est établi dans la région il y a quelques années. Alix connaît Daniel de loin, c'est un homme dans la quarantaine, solitaire, qu'il lui est arrivé de croiser lors de promenades sur les falaises ou le littoral. Ces derniers mois, il lui semble l'avoir aperçu plus souvent arpenter la grève; ils échangeaient un salut, sans s'arrêter. Elle se rappelle qu'il lui a adressé la parole, il n'y a pas longtemps. À cause du vent, elle n'a pas compris ce qu'il disait, mais son sourire était beau et chaleureux. Alix ressent une joie subite à l'idée de cette rencontre dans la solitude de l'estran.

* * *

Les deux marcheurs cheminent maintenant à moins de cent mètres d'intervalle. Chacun sent la présence de l'autre et la trouve réconfortante face à l'immensité du ciel et de la plaine marine. Surgi des flots, le Château de la mer se dresse, tel une impressionnante barrière rocheuse, projetant son ombre sur la laisse. Derrière lui, la marée continue à reculer. Jusqu'où se repliera-t-elle dans sa course vers le couchant? Et si elle cessait sa retraite? Si le récif marquait la laisse de basse mer, la frontière où cesse le reflux et où le flot entreprend sa lente et inexorable remontée de l'estran? Une nouvelle vague d'anxiété saisit Daniel. S'il s'était trompé dans ses calculs? Mais il n'est pas seul; et il sait que d'autres ont fait avant lui le voyage des sables, il s'efforce de maîtriser sa peur irraisonnée. Il évalue que la mer reculera encore sur dix kilomètres ou davantage, le reflux sera lent à cause de la pente, et ils jouiront ainsi de plusieurs heures de repos avant d'amorcer le long retour. Daniel est exténué. Il marche depuis sept heures environ dans le vent, le soleil, le sable. Le voici presque arrivé au récif; il ne lui reste plus que deux cents ou trois cents mètres à parcourir – il est vrai que la distance est difficile à évaluer, les yeux lui brûlent, l'horizon par moments flotte.

Daniel marche pieds nus sur le sol devenu rocheux çà et là, pataugeant dans des flaques d'eau. Étourdi de fatigue, il voit soudain son pied traîner un large sillon rouge sur la roche, badigeonnant l'eau de sang. Il s'est entaillé sur une aspérité sans s'en apercevoir. La douleur maintenant lui arrache une grimace; il examine son pied, lave la plaie et sèche la peau avec sa chemise, puis il extirpe de son sac un pansement adhésif. Daniel est furieux contre sa négligence : la blessure risque de ralentir sérieusement son allure au retour et il lui faudra se remettre en route plus tôt que prévu.

Il se retourne. Immobile, Daniel regarde avancer la marcheuse. Son pantalon roulé dégage ses jambes nerveuses et brunes, ses pieds nus longs et étroits. Elle n'est plus qu'à quelques mètres de lui et ils se saluent d'un sourire. Daniel la trouve belle et cette rencontre dans la solitude de l'estran lui apparaît si inimaginable qu'il ne sait que dire. Ils se regardent, leurs yeux rougis et leur peau irritée par le vent, les lèvres desséchées. Ils observent le soleil qui décline derrière le récif. La muraille s'élève, sombre et inaccessible, au-dessus d'un étang noir, comme un rempart bordé d'eau profonde. Comme des automates, Daniel et Alix se sont remis en marche; mais ils n'iront guère plus loin. Déjà l'air fraîchit dans l'ombre, et dans quelques heures, devançant le flux montant, ils referont le chemin inverse sous les étoiles.

Daniel se dit qu'il ne connaît pas le nom de sa compagne. Comme si elle devinait sa pensée, celle-ci articule les deux syllabes sonores de son prénom; il comprend «Alice», alors elle se penche sur le sable mouillé et trace les lettres avec son doigt. Il l'imite, écrit «Daniel» en se demandant si des randonneurs hardis ont gravé leur nom sur le récif. Cette pensée l'amuse. Ils rient tous deux de voir leurs noms inscrits sur la grève.

Elle a envie de lui parler de Jonathan. Il aimerait lui dire combien il est heureux qu'elle soit là, qu'il espérait cette rencontre peut-être. Ils ne se hâtent pas. La mer poursuit son reflux, ils ont tout leur temps.

Traverser le bois

La forêt au début est printanière. Dans la clairière, les bambins essaient de se dresser sur leurs jambes pour courir après une abeille, une fleur sur sa tige, un rai de soleil. Ils tombent sur une racine, pleurent un peu mais leur nez s'est enfoncé dans un coussin de mousse et leurs pleurs aussitôt envolés, ils y plongent les doigts, riant aux éclats. Les feuilles des arbres sont d'un vert tendre, pétillant, les arbrisseaux ont l'écorce douce, le rameau flexible. Sur les voies d'azur, là-haut, entre les cimes, défilent parfois des nuages aux formes captivantes. Des bambins assis sur leur derrière, le nez en l'air, la bouche ouverte, les regardent voguer et se déformer au passage, leurs bras s'agitent d'excitation. Autour d'eux, la forêt. À perte de vue la forêt. Un spore poussé par le vent navigue capricieusement entre les arbres, amerrit dans un ruisseau sonore et pressé. Des enfants, pieds nus, suivent le courant avec des cris de plaisir et s'éclaboussent. La forêt bruit. La forêt change à mesure qu'on avance. Contre le tronc d'un bouleau, deux adolescents se rejoignent, se sourient. L'un d'eux glisse vers le couvert d'un arbre proche, l'autre le suit : fuites, rires, mains qui s'effleurent, corps qui se touchent, se nouent et se dénouent. Des chemins s'ouvrent dans la forêt : certains larges et droits; plusieurs les suivent, mais sans hâte. La forêt est si grande, les routes et les sentes si nombreuses,

parallèles ou divergentes, qui se croisent, s'écartent, ser-
pentent en un réseau multiple entre les érables et les
bouleaux, que la plupart des marcheurs se perdent de vue.
Quelques-uns divaguent sur des chemins sinueux.

François a fait un bout de route avec une fille, suivant la
rivière qui s'élargit. À un coude du fleuve, il a voulu traverser, elle est restée sur l'autre rive. Il marche seul,
longtemps. Le chemin peu à peu s'étrécit, plus loin, bien
plus loin, les sentiers se perdent. François se fraie un passage
entre les arbres, souvent il doit écarter une jeune branche
qui jaillit devant lui. Il piétine les fougères jaunissantes et
butte parfois sur une racine. Ici et là un écureuil traverse à
la course l'espace entre deux arbres, escalade un tronc puis
s'arrête, aux aguets. François l'appelle. La forêt qui l'encercle
est de plus en plus silencieuse; François entend le craquement de ses pas sur les aiguilles tombées, il tend l'oreille au
silence. Parfois il enjambe un tronc à terre ou contourne une
fondrière. Son dos commence à le faire souffrir, par
moments, mais il s'arrête peu; il ne se presse pas pourtant.

Il n'y a plus de chemins dans la forêt, seules quelques
pistes à peine visibles, tracées par les animaux, croisent sa
route. François marche un peu à l'aveuglette. Les autres, où
les a-t-il laissés? Ils marchent aussi à travers les arbres, mais
François, rarement, les aperçoit. Il distingue pourtant un
étrange personnage à deux têtes, chenues : ou est-ce deux
corps soudés l'un à l'autre comme frère et sœur siamois?
Il est intrigué mais discerne mal la curieuse créature.

Le lichen a suspendu aux bouleaux et aux épinettes des
barbes grises ou verdâtres. De plus en plus souvent des
troncs morts lui barrent le passage. Au loin, là-bas, la
ligne des arbres s'estompe parfois; il flotte des bribes de
brouillard, comme des guenilles blanches, impalpables.
François s'enfonce dans un moelleux tapis de feuilles pour-
rissantes, qui feutrent le bruit de ses pas et dégagent un fort

arôme, âcre. Le brouillard entre les arbres se fait plus dense, comme des ailes vaporeuses. François va bientôt entrer dans le brouillard. Il regarde autour de lui avec inquiétude, les troncs où bave le lichen. Il lui faut lever les yeux très haut pour trouver un toupet d'aiguilles au sommet des épinettes, grisâtre, avec au-dessus le ciel sans couleur. Les ailes humides du brouillard le frôlent, François voudrait retourner un peu en arrière, mais c'est impossible; il voudrait retrouver les autres, ceux qui suivent, mais la forêt est muette. Derrière le rideau de brouillard, là où s'estompe la silhouette des sapins, la forêt continue-t-elle? Y a-t-il des arbres sous le grand voile blanchâtre? La main de François tâtonne dans les pans de brouillard. Son pied s'assure du sol.

Derrière le grand linceul blanc, y a-t-il un sol?

EXTRÊMES FRONTIÈRES

Après-midi d'octobre dans un jardin exquis

C'est un jardin exquis où des allées de granit rose bordant des massifs de fleurs odorantes s'égaillent entre les pelouses, ombragées par des arbres majestueux. Ça et là, des cyprès et diverses espèces de thuyas groupés en bosquets s'élancent au-dessus des buissons aromatiques et un cèdre plus que centenaire étend ses branches maîtresses jusqu'à la pièce d'eau. Celle-ci, formée de trois fontaines, baigne ondins et ondines de marbre rose et de frémissantes tourterelles blanches. Sous un saule, non loin de là, un vieil homme somnole, bercé par le bruit de l'eau et le roucoulement des gracieux oiseaux. Ainsi que le peindrait le poète, tout est luxe, calme et volupté dans ce jardin enserré de hauts murs qui courent sur plusieurs centaines de mètres, pressés par la forêt proche.

Près des fontaines, une petite fille est absorbée dans l'exploration d'une mallette de jeux qui lui a été offerte en cadeau. Retirant de la mallette les jouets qu'elle contient, elle les examine avant de les déposer par terre à côté d'elle; d'abord, elle extrait un petit revolver rouge laqué, suivi d'un assortiment de capsules imitant des poisons à saveurs variées, des gaz toxiques parfumés à diverses essences, puis un petit poignard ciselé comme un bijou. La fillette choisit une capsule de gaz comprimé aux effluves marines et ajuste sur son gracieux minois le masque à inhaler. Elle respire le parfum avec délices en fermant les yeux avant de se laisser tomber de tout son long sur la pelouse, les bras étendus. Elle demeure quelques secondes immobile, sur le dos, jusqu'à ce qu'une démangeaison au coude gauche provoque sa résurrection soudaine. La fillette râpe son coude sur l'herbe drue, puis, se redressant, replace soigneusement les jouets un à un dans la mallette et se dirige en sautillant vers l'aïeul. La voix pointue de la gamine tire celui-ci de sa bienheureuse somnolence et il cligne un peu des yeux à la lumière tendre de ce bel après-midi d'octobre.

– Papi Victor, tu veux goûter une capsule de poison?

Le vieil homme se laisse avec bonhomie introduire entre les lèvres un cachet fondant contenant un sirop parfumé à la vanille.

– Fais comme si tu mourais, papi, commande la fillette.

L'arrière-grand-père, obéissant, renverse un peu la tête en fermant les paupières. Ariane l'observe un instant, puis, comme il ouvre les yeux :

– Papi Victor, c'est quand, le jour de la retraite?

– Le 3 novembre, mon papillon.

– Est-ce que tu vas te retirer, papi?

Les yeux bruns étincellent de curiosité.

Une ombre passe sur le front de l'aïeul. Il demeure quelques instants silencieux, puis d'une voix qu'il essaie de rendre bienveillante, demande :

– Eh bien, ma petite Ariane, crois-tu que papi Victor devrait songer à se retirer? A-t-il assez vécu? Qu'en penses-tu, mon papillon?

Le papillon, n'ayant pas d'opinion définie, se tait. Cependant, au bout d'un moment, la voix pointue lance :

– L'arrière-grand-père de mon amie Elsa s'est retiré l'année dernière.

Un bref silence accueille la nouvelle; le regard avide d'Ariane scrute le vieillard.

– Quel âge avait l'arrière-grand-père de ton amie Elsa quand il s'est retiré, ma chérie?

La fillette hausse les épaules :

– Je ne sais pas. Au moins cent ans!

– Alors, conclut le vieil homme avec un sourire, il me reste encore quelques années avant de prendre cette grave décision : six ans, si je calcule bien!

Papi Victor saisit la main de l'enfant et, la retenant dans les siennes :

– Vois-tu, mon papillon, tu me manqueras beaucoup le jour où je ne serai plus là. Et ce jardin aussi me manquera.

Son regard embrasse les parterres de fleurs dont il ne perçoit que les masses de couleurs vives, s'attarde sur les arbres au port majestueux, les arceaux gracieux des saules et des jets d'eau :

– Qui souhaiterait quitter ces lieux enchanteurs, où il fait si doux vivre?

– Moi, dit Ariane vivement.

– Toi, mon enfant?

Ariane hoche la tête.

– Et où voudrais-tu aller, mon oiseau?

Elle désigne d'un geste large les limites du jardin cernées par les hauts murs :

– J'irai dans une forêt très sauvage, avec Dali.

Son œil vif vient d'apercevoir le chimpanzé surgi d'un bosquet de romarin. Courant aussitôt à sa rencontre, la fillette entraîne son compagnon de jeux vers le labyrinthe de conifères nains dont elle connaît chaque détour. L'aïeul, resté seul, sombre dans une douce torpeur dont le tire un long sifflement d'oiseau. Son esprit flotte quelque temps dans une agréable rêverie jusqu'à ce que les questions de son arrière-petite-fille reviennent lui trotter en mémoire.

«C'est normal que les enfants soient fascinés par cette journée du 3 novembre, songe-t-il. La mort a toujours exercé, sur les jeunes surtout, un redoutable attrait. Et pourtant notre société a réussi à la banaliser en faisant une grande fête commerciale d'une tradition vieille de plusieurs siècles!»

Le 3 novembre est la journée nationale du suicide. Chaque année, à cette date, une partie de la population choisit de mettre volontairement fin à ses jours. Les origines d'une telle coutume qui se perpétue depuis des temps anciens sont assez obscures. Cependant on croit que, jadis, la Terre a connu une surpopulation menaçante pour l'équilibre planétaire et que la journée du suicide a pu être instaurée comme un élément de solution à cette situation dramatique. La population, plus tard, a été partiellement décimée des suites de quelque fléau (guerre, catastrophe naturelle... on ne le sait au juste, la plus grande partie de l'information ayant disparu du même coup). Puis le monde s'est stabilisé, en deçà du seuil nécessaire à son renouvellement et la journée nationale du suicide a été interdite en de nombreux pays. Cette tradition subsiste encore, toutefois, dans la contrée où se déroule cette histoire, région enchanteresse par son climat et la beauté qu'y déploie la nature, à l'image de ce jardin. Est-ce parce que, choyés par le Ciel, ses habitants sont moins naturellement tentés de mettre fin à leurs jours? Ou, parce que la densité de la population étant, en raison de l'attrait du pays, plus élevée qu'ailleurs, une telle coutume ne menace pas sa survie? Le pays a connu, quelques années auparavant, un fléchissement du taux de suicide, mais on assiste aujourd'hui à une remontée de cette courbe.

«Cela n'a rien d'étonnant, bougonne le vieil homme, avec le commerce qui s'est emparé de cette tradition et qui nous vante ses gadgets de mort aux formes aussi diverses qu'attrayantes – si l'on peut dire!»

La journée du 3 novembre connaît donc un regain de popularité mais cette coutume ne se perpétue que régie par des règles strictes. Il s'est commis en effet un certain nombre d'abus dans le passé. Cependant, si l'on croit pouvoir affirmer que la population n'a plus à craindre le petit coup de pouce malveillant précipitant quelques trépas moins volontaires, elle n'est pas pour autant à l'abri de tout danger. Certaines formes d'abus plus insidieuses se manifestent depuis peu, qui ne sont pas moins redoutables que le crime.

Papi Victor, émergeant de ses pensées, remarque la petite mallette jaune abandonnée à terre près de son fauteuil. Il penche avec quelque difficulté son dos raide et la saisit. La mallette, mal refermée, s'ouvre et son contenu se répand sur la pelouse. Le vieillard ramasse d'un bras tâtonnant quelques jouets et les examine, hochant la tête de droite et de gauche, d'un mouvement continu, à peine perceptible. À ce moment, Ariane surgit et, voyant son aïeul le revolver rouge entre les mains :

– Papi Victor, si tu te retirais le 3 novembre, quelle mort choisirais-tu?

– Je n'en sais rien, répond le vieil homme. Peut-être un comprimé au chocolat ou à la vanille, comme celui que tu m'as donné tout à l'heure, ajoute-t-il d'un ton badin. Le goût était assez agréable!

Ariane tâte la lame du petit poignard ciselé, fait jouer la gâchette du revolver :

– Tu crois que ça fait très mal, papi, et que ça saigne beaucoup?

Ses yeux bruns brillent d'excitation. L'aïeul répond d'un ton convaincu :

– Ça fait sûrement très mal! Ne t'avise pas d'essayer ce petit poignard sur ta peau tendre : il la fendrait comme une peau de pêche.

Et le vieux marmonne :

«Discuter des mérites comparés de ces articles ne m'emballe pas particulièrement, mais il est à la mode d'aborder librement le sujet avec les enfants. Il s'agit, parait-il, de dédramatiser la mort. Je veux bien. Mais je ne suis pas sûr qu'on ait raison d'exposer les jeunes si tôt à toute cette panoplie du suicidé dernier cri.»

La «panoplie» du candidat au suicide offerte dans le commerce est adaptée à tous les goûts et même aux désirs les plus extravagants. Parmi les méthodes les plus populaires, le somnifère vient toujours bon premier, assurant un «passage en douceur» comme le vante la publicité, dans les conditions les plus agréables (entre les bras d'un être cher, suggèrent les annonces, ou au son d'un oratorio). Le comprimé est présenté dans les écrins les plus gracieux : porcelaines, jade, incrustations d'ivoire, délicates peintures florales. L'or et le cristal sont réservés au poison, conférant à la mort instantanée un éclat plus prestigieux. Certaines méthodes moins répandues fascinent l'imagination populaire; c'est le cas de la roulette russe : ceux qui se soumettent à ce jeu de hasard sans perdre la vie défient parfois la mort à nouveau l'année suivante. Parmi les candidats à un suicide glorieux, on trouve aussi les adeptes de la tradition orientale millénaire du hara-kiri. Ceux-ci, après une initiation à la technique et à sa philosophie, se donnent la mort au cours d'une cérémonie rituelle. Le suicide n'est pas toujours un acte solitaire, comme en témoignent les clubs de candidats au trépas.

Le 3 novembre, plusieurs suicidés rivalisent d'imagination et d'originalité. Il en est qui font de cette journée une œuvre d'art ou le couronnement de leur existence. Des fortunes sont dépensées en cette occasion unique. Le public se montre très friand de ces exploits étalés par les médias des semaines durant. Il en résulte une certaine émulation qui porte plusieurs personnes à revêtir leur acte ultime d'un éclat retentissant. Certains, peut-être, prennent leur revanche sur une vie médiocre en s'offrant un fin brillante. Aussi n'est-il pas étonnant de voir que la journée nationale du suicide constitue pour les arts une mine d'inspiration puissante et toujours renouvelée.

Ariane, debout dans la fontaine avec de l'eau jusqu'à mi-cuisses, capture des poissons de diverses couleurs avec ses mains. Les poissons, peu méfiants, se laissent encercler facilement par les doigts enfantins. La fillette les relâche après quelques minutes de plaisir à les sentir s'ébattre contre ses paumes. L'un d'eux, aux écailles bleues avec des reflets d'argent, s'agitant furieusement, elle le sort de l'eau et le regarde avec curiosité se débattre entre ses mains. Peu à peu les soubresauts se font moins violents, s'espacent puis cessent tout à fait. Quand le poisson captif ne bouge plus, Ariane ouvre les mains, examine le corps argenté qui gît, inerte, entre ses paumes; puis elle le lance dans le bassin et le regarde couler et flotter à la dérive.

Ayant épuisé toutes les ressources du jeu, la fillette se tourne vers l'aïeul qui parait de nouveau somnoler. Elle le considère un moment reposant sur les coussins fleuris du fauteuil. Son regard inquisiteur s'arrête sur les bras brunis et décharnés, observe les mains parcheminées aux veines saillantes, scrute, en remontant, le visage flétri du vieil homme. Celui-ci ouvre les yeux.

– Dali t'a laissé tomber, mon papillon?

Ariane a une moue affirmative. Puis, le fixant, après quelques secondes :

— Pourquoi est-ce que grand-père Denis s'est retiré il y a longtemps, et toi qui es plus vieux, tu ne veux pas te retirer?

Le vieillard se redresse légèrement.

— Qui t'a dit que grand-père Denis s'est retiré?

— Myria.

L'aïeul réfléchit :

— Ta mère Myria t'a sans doute expliqué que grand-père Denis avait une maladie qui le faisait bien souffrir. C'est pour ça qu'il a préféré se retirer. C'est vrai que je suis un vieux bonhomme et je comprends que tu t'étonnes de me voir devenir plus vieux que ton grand-père, qui était mon fils. Mais toutes les personnes âgées ne désirent pas se retirer. Vois-tu, Ariane, il y a de nombreux vieillards qui vivent jusqu'à ce qu'ils meurent, naturellement, quand leur corps est devenu trop usé. Leur vieil âge ne les empêche pas de profiter de ce que la vie peut leur offrir, même s'ils n'ont plus l'agilité de tes jambes, mon écureuil, ou la vivacité de tes jolis yeux.

Le vieillard fait une pause, avant de reprendre :

— Tu as sans doute entendu parler de ton arrière-arrière-grand-mère, Isa, qui était ma mère. Isa est morte un peu après ta naissance, de façon naturelle : son vieux cœur fatigué s'est juste arrêté de battre. Elle avait cent dix-sept ans, ce qui est un âge normal pour que la mort rende visite aux aînés. Il était rare à cette époque que les gens âgés se retirent sans une raison grave, comme la maladie de Denis. Ma mère Isa — la grand-mère de Denis — est restée en bonne santé jusqu'à sa mort. Elle était toujours gaie! (Le vieil homme se prend à rêver, un moment.) Ton papi pourrait vivre, lui aussi, de nombreuses années avant que son vieux cœur s'arrête.

– Et moi, papi Victor, à quel âge est-ce que je pourrai me retirer?

– Tu as déjà envie de nous quitter, mon papillon? Il te faudra attendre, heureusement, quelques années. Il te reste beaucoup de temps pour grandir et voir le monde, avant de penser à te retirer. Il y a quelque part une grande forêt sauvage qui attend sa jeune exploratrice, ne l'oublie pas!

«Le gouvernement devrait bien songer à réglementer toute cette publicité tapageuse autour du 3 novembre, marmotte le vieil homme. Que le suicide ait été rendu illégal avant la majorité n'a jamais empêché les jeunes de se tuer, par désespoir ou par défi, peut-être. Heureusement, il y a des groupes de pression qui demandent la réglementation de toute cette réclame nauséabonde; il me semble avoir entendu quelque chose sur le sujet, dernièrement.»

– Quand j'aurai ton âge, je me suiciderai, déclare Ariane avec détermination. Je ne veux pas devenir vieille et laide comme toi.

Le vieillard, de son fauteuil, se penche vers le gazon et, de sa main lente, cueille dans un massif un lys orangé à la corolle satinée.

– Vois-tu, Ariane, si je ne pouvais plus voir cette fleur ni savoir qu'elle existe, cela me manquerait, assurément.

La voix de l'aïeul s'affaiblit sur les derniers mots.

– Mais puisque tu ne vois presque plus rien, papi! rétorque la gamine.

– Je ne vois plus beaucoup avec mes yeux, mais mes mains peuvent les remplacer, et mon odorat aussi.

Cette perspective semble intéresser la fillette dont les yeux vifs s'allument. Mais le vieil homme pense, douloureusement :

«Les enfants sont impitoyables dans leur innocence. Mais peut-on leur en vouloir? Ils ne font que refléter les idées véhiculées par la société; ils affirment haut ce que beaucoup murmurent tout bas.»

Il demeure pensif, mais Ariane revient à la charge, cruelle :

– Myria dit que les personnes âgées sont un fardeau pour les autres générations.

– Ah... ta mère dit cela?

Ariane lance au vieillard un coup d'œil curieux :

– Qu'est-ce que ça veut dire, papi?

Le vieil homme laisse glisser la fleur à terre, sans répondre.

La fillette insiste :

– Myria dit aussi que tu parles tout seul, comme un vieux fou.

Elle observe un instant son arrière-grand-père puis, voyant qu'elle ne suscite pas de réaction, elle tourne le dos et s'éloigne d'un pas léger. L'aïeul se lève de son fauteuil, péniblement. Des nuages voilent le soleil et les ombres de l'après-midi commencent à s'étendre sur le jardin; la fraîcheur de cette fin de journée d'octobre se fait sentir, soudain.

Le vieillard suit l'allée de granit vers la maison et se dirige à pas lents vers une double porte vitrée donnant sur le jardin, au verre travaillé de beaux motifs floraux. Il avance avec raideur, traînant un peu la jambe. Appuyant sur un commutateur à l'intérieur, Victor teinte les verrières qui composent, dans la pièce qu'envahit une douce pénombre, un merveilleux vitrail. À travers la paroi de verre, on entend le chuchotis des fontaines. Le vieil homme s'assoit dans un fauteuil près des baies vitrées; il se sent las. Son visage fané a pris un teint un peu cireux, le bleu de ses yeux est pâle et éteint. Au bout d'un certain temps, Victor s'anime et avise une revue sur une table, à proximité de son lit, qu'une main semble avoir déposée là, bien en vue, à son intention. Il se lève lentement, prend la publication et retourne s'asseoir, observe la couverture avant d'ouvrir la revue, d'une main mécanique qui tremble un peu. À l'intérieur, de luxueux articles de suicide sont offerts à la vente, avec les prix correspondants, sur les pages de papier glacé.

L'aïeul reste un moment immobile, le catalogue de vente sur les genoux, puis il se lève pesamment, le faisant tomber à terre. Debout derrière les portes vitrées, le dos voûté, il demeure pensif. Dans le jardin, soudain, s'élève une voix aigre de femme qui invective quelqu'un et le fait tressaillir. Le chant des tourterelles s'est tu. Le vieillard entend Ariane répondre aux récriminations de sa mère d'un ton vif; dans la volière, le cri strident d'un perroquet se mêle aux timbres perçants des voix féminines. Victor écoute quelques minutes le vacarme qui déchire la paix du jardin, puis s'éloignant de la baie vitrée, il se baisse pour ramasser le catalogue. Immobile au milieu de la chambre, il regarde les articles de mort photographiés sur les pages glacées dans leurs ravissants présentoirs. Dehors, le tapage s'est calmé mais la voix pointue d'Ariane résonne à ses oreilles : «Myria dit... les personnes âgées sont un fardeau pour les autres générations... qu'est-ce que ça veut dire, papi?» D'un pas ferme, l'aïeul se dirige, dans la vaste pièce confortablement meublée, vers un beau bureau d'acajou; il avise une corbeille à papiers décorée de peintures anciennes et, résolument, y jette le catalogue. Il s'assoit ensuite devant le bureau, pensif. Sa résolution lui paraît bien fragile, face aux attaques sournoises qu'il va subir, il le sait, jusqu'au 3 novembre, et les jours qui suivront... et chaque année, ensuite. Le vieil homme respire profondément et se tourne vers les portes vitrées. Le chantonnement des fontaines qu'il avait cessé d'entendre lui parvient à nouveau et il ferme les yeux pour l'écouter.

La porte au fond du couloir

Décembre

Marion et moi, nous nous racontons volontiers nos rêves. Ces derniers temps je me bornais le plus souvent à écouter car je rêvais peu; Marion, au contraire, traversait des nuits agitées de cauchemars, où grimaçaient des monstres et des squelettes.

Je lui ai fait tout à l'heure le récit de mon rêve de la nuit dernière. C'est un rêve plutôt descriptif. J'y ai visité une maison, belle et mélancolique, qui semblait m'appartenir mais que personne n'avait habitée depuis longtemps. Il y flottait comme un air d'abandon, et je suis sous le charme depuis ce matin.

Dans l'entrée s'enroulait à droite un escalier de bois verni tandis qu'à gauche s'ouvrait une pièce spacieuse, une salle à dîner, vide mais ornée de boiseries. En la traversant, j'observai que le plancher était usé par endroits, comme par le frottement de nombreux pas. Je débouchai ensuite dans une cuisine meublée d'armoires rustiques peintes en blanc et d'un ancien évier de bois. À l'étage, je visitai une chambre occupée par un lit de style colonial, flanqué de colonnes aux quatre coins, comme des gardes. En m'approchant, je vis qu'une poupée y reposait : elle avait un visage grave, éclairé par des yeux peints d'un bleu myosotis et une petite bouche cerise. De longs cheveux soyeux encadraient la figure de porcelaine et les épaules étroites enserrées dans un corsage volanté. Je la regardai sans la toucher. Je ne touchai à rien dans la maison que je visitai avec les seuls yeux du rêve.

La poupée a particulièrement intéressé Marion. Il m'a fallu la décrire en brodant un peu : la robe de velours, le ruban assorti dans les cheveux, les petits pieds habillés de bas blancs et de sandales vernies...

Je viens de fouiller dans les rayons de la bibliothèque à la recherche du petit volume Payot sur les rêves. J'ai trouvé sans difficulté le passage cherché.

«Ce qui se passe "dans la maison" se passe en nous-mêmes, écrit Aeppli. Nous sommes très souvent cette maison [...] La comparaison symbolique de la maison renseigne sur notre état, elle nous fait savoir comment nous nous portons intérieurement aussi bien qu'extérieurement.»

Cette maison m'envoûte avec son charme ancien. Elle a tout à la fois un air soigné et désert, chaleureux (à cause des boiseries) et mélancolique. La poupée, avec sa figure de porcelaine, ses yeux fixes et sa bouche grave dessinée au pinceau, évoque une impression d'immobilité que donnent certains lieux abandonnés des hommes et du temps.

Curieusement, j'ai fait à nouveau ce même rêve de la maison il y a deux nuits. Je n'ai pas traversé les pièces que j'avais visitées la première fois, mais je savais que je me trouvais dans la même maison déserte. J'allai jusqu'au fond du couloir où s'ouvraient à gauche la cuisine avec l'évier en bois et à droite un petit salon ou bureau que je n'avais pas vu la première fois. Cette pièce était éclairée de deux hautes fenêtres habillées de lourds rideaux aux teintes fanées qui avaient dû être beaux. Elle me plaisait beaucoup, ou du moins son évocation me plaît, car au cours de ma visite de la nuit (il en a été de même lors du premier rêve) j'observais les lieux avec un certain détachement.

Au fond du couloir, où donnaient la cuisine et le petit salon, se trouvait une issue : une porte, fermée. Où conduisait-elle? Je ne me posai pas de questions durant le rêve mais demeurai devant la porte, sans essayer de l'ouvrir, avec la certitude que je ne devais pas, ne pouvais pas l'ouvrir.

Depuis, l'énigme de cette porte me poursuit. J'ai le sentiment qu'elle cache quelque chose, auquel je n'ai pas accès. J'ai pensé à la porte de Barbe-Bleue qu'ouvre la clé défendue, mais cela ne m'a guère avancée. Ce rêve récurrent de la maison m'intrigue, avec cette porte close. Quel secret défend celle-ci? Qu'y a-t-il dans cette autre pièce ou ce placard, réduit, que je ne puisse connaître?

Février

Pour la troisième fois cette maison est venue me hanter la nuit passée (ou est-ce moi qui la hante en rêve?). Je me suis retrouvée à nouveau devant cette porte fermée au bout du couloir et, comme la fois précédente, je suis restée devant, habitée par son mystère, mais n'essayant pas de le percer. Je n'éprouvais ni impatience ni anxiété : ces sentiments m'ont envahie au réveil et maintenant cette porte m'obsède. J'aimerais avoir la faculté d'intervenir en rêve, la prochaine fois que je me trouverai devant cette porte (si le rêve se répète une quatrième fois). Il m'est déjà arrivé au petit matin de m'éveiller à moitié d'un rêve et, baignant encore dans son univers, de le prolonger dans un état de semi-conscience. Quelquefois il s'agit d'un rêve dont la fin me laisse insatisfaite; j'essaie alors d'en ressaisir les fils et d'en déjouer le dénouement, modifiant le scénario pour que j'arrive à temps, par exemple, sur ce quai de gare où m'attend le train à bord duquel se trouve un être cher, et que j'ai manqué...

Réflexion faite, je ne crois pas que ce serait une bonne idée de pratiquer ce genre de manipulation sur un rêve quand le subconscient érige des interdits. Cela pourrait peut-être présenter un danger au niveau psychique.

Marion fait en ce moment des rêves d'oiseau. Depuis qu'elle est toute petite, elle rêve d'être une mouette. Elle m'a même dit un jour (elle devait avoir cinq ans) qu'elle croyait avoir été un oiseau dans une vie antérieure. Ce goût de l'envol peut-il traduire une certaine difficulté d'adaptation aux réalités de la vie, un désir d'évasion? Marion est une petite fille très sage qui obtient de bons résultats scolaires. Elle se montre charmante, recherche l'affection des adultes et de ses amies. Mais on devine chez elle un peu d'anxiété latente.

Voici maintenant Judith (le chat de Marion) qui vient miauler derrière la porte de ma chambre.

... Judith voulait que j'honore de ma présence son repas. Elle avait encore de la nourriture dans son bol, mais cette chatte n'aime pas manger seule, il faut qu'on lui tienne compagnie, qu'on l'assiste quand elle croque ses boulettes. Judith estime – avec raison – que manger est un acte social. Elle nous a observées à table, Marion et moi, et réclame les mêmes prérogatives : dîner en compagnie.

Avril

Me voici toute retournée par ma quatrième visite dans la maison du rêve, la nuit dernière. Un rêve à ce point répétitif doit avoir un sens. Que cherche-t-il à me transmettre? Quelles sont ces zones désertées de moi-même que je hante ainsi la nuit? Si cette demeure avec ses pièces abandonnées représente certaines régions de mon être, l'énigme est totale. Et que dire du secret de la porte close? Le mystère s'est encore épaissi cette nuit. J'en ai ressenti un malaise qui m'a accompagnée tout le jour. Cette fois encore je suis retournée derrière la porte de la maison. J'y demeurais sans bouger, comme en attente d'un événement sur le point de se produire. J'étais tout entière envahie par cette sensation, comme en suspens, devant la porte. C'est alors qu'une effluve désagréable m'a assaillie : elle émanait de derrière la porte. C'était comme une exhalaison de fleurs fanées et de tiges macérant dans l'eau croupie d'un vase. L'odeur fétide était si pénétrante que je me suis éveillée avec une sensation d'oppression. Ce rêve semble avoir été très bref, je ne me rappelle rien d'autre.

Mai

L'aventure extraordinaire amorcée il y a quelques mois avec ce rêve se poursuit. La semaine dernière, je suis sortie me promener : l'air doux et humide était délicieux, comme dans une serre. Les rouges-gorges s'activaient fiévreusement sur les gazons presque verts et je m'arrêtais de temps à autre pour les observer, admirant la précision des coups de bec qui harponnaient les vers dans la pelouse. Je suis parvenue ainsi jusqu'au parc Victoria, qu'encadrent de belles maisons imposantes de style victorien. (En fait je ne connais rien aux styles d'architecture, celles-ci me paraissaient peut-être victoriennes à cause du nom du parc!) Deux d'entre elles étaient à vendre, comme l'indiquaient les écriteaux fichés dans les parterres. Avec l'arrivée du printemps les gens semblent attraper la bougeotte, j'avais déjà noté plusieurs pancartes depuis le début de ma promenade. J'aime regarder les maisons en marchant, surtout celles qui sont à vendre : j'en évalue les caractéristiques, les rejette vite la plupart du temps.

Je suis arrivée en vue de la deuxième maison munie d'une pancarte *for sale* dans la rue Cameron. Elle était en briques brunes, imposante sans lourdeur. Je l'ai trouvée attirante avec ses larges baies, son balcon surplombant l'entrée. Sur le côté, une petite fenêtre était habillée d'un vitrail coloré : ce détail m'a plu. Outre ces caractéristiques, la maison était assez ordinaire; or elle exerçait sur moi un très vif attrait, que ne suffisaient pas à expliquer les détails notés. Est-ce cette impression à la fois d'harmonie et de solidité qu'elle dégageait? Je suis restée plantée sur le trottoir à la contempler, ne me décidant pas à poursuivre ma promenade.

L'image de cette maison s'est imprimée dans mon cerveau. Deux jours plus tard, je suis retournée la voir. Je n'avais pourtant nulle intention de l'acheter, l'idée de déménager me répugnait. Je loue un appartement confortable dans un duplex, suffisamment spacieux pour Marion et moi – sans oublier Judith. Aurais-je voulu l'acheter que je n'en aurais pas eu les moyens.

Je retournai pourtant à la rue Cameron, une première fois sous prétexte d'exercice, une deuxième fois en compagnie de Marion qui avait sorti sa bicyclette. Je montrai la maison à Marion : elle lui plut. Quant à moi, elle me faisait toujours le même effet : elle m'attirait irrésistiblement.

Une semaine plus tard, j'en gravissais le perron, accompagnée d'une agente immobilière.

Je me disais que je ne m'engageais à rien en la visitant; et aussi qu'il me faudrait bien une fois envisager l'option achat pour investir en vue de mes vieux jours... On finit toujours par trouver des raisons.

J'entre donc visiter la maison de la rue Cameron, face au parc Victoria.

Dès le seuil franchi, me voilà saisie par une forte impression de familiarité, comme si j'étais déjà venue auparavant. Il me semble avoir déjà vu cet escalier qui s'enroule à droite vers l'étage. Puis je découvre, à gauche, la salle à dîner avec ses boiseries et son foyer de briques noircies, la cuisine qui lui est attenante. Cette disposition des pièces ainsi que certains détails me troublent, sans que je puisse dire pourquoi; ce sentiment de plus en plus marqué que cette maison ne m'est pas inconnue est-il illusion ou réalité? Mais, comme j'entre dans la cuisine, quelque chose me paraît déplacé. J'observe les armoires rustiques lustrées d'une épaisse couche de peinture blanche, les comptoirs, l'évier... et tout à coup l'évidence me saute aux yeux : l'évier! Inconsciemment, m'attendais-je à trouver dans cette pièce un antique bassin en bois? J'y trouve un évier moderne en acier inoxydable et comprends subitement que, malgré ce dernier détail qui ne concorde pas, je suis dans la maison du rêve.

En sortant de la cuisine, l'agente immobilière s'efface à l'entrée du petit salon que prolonge une autre pièce. J'apprends que les anciens propriétaires en avaient fait une salle de musique. Les deux hautes fenêtres sont dépourvues de rideaux, mais mon imagination leur rend sans peine la splendeur un peu fanée qu'elles avaient en rêve. Je traverse les autres pièces de la maison dans une sorte d'état second : il me semble reconnaître même les pièces qui ne figuraient pas dans le songe, tant l'atmosphère générale m'est familière, tant je me sens en harmonie avec la demeure.

Puis il y a, au fond du couloir, cette porte fermée, entrevue avec un soudain émoi au sortir de la cuisine. Devant la porte, j'ai une seconde de profonde hésitation : la crainte d'être déçue, peut-être? Je comprends confusément que la porte mystérieuse, si elle s'ouvre dans la réalité de la maison du parc, ne livrera pas le secret du rêve. Que pourrait-elle dévoiler d'autre qu'une penderie, un espace de rangement ou une sortie sur l'arrière de la maison?

«Attention aux marches», me prévient mon guide. La porte ouverte révèle en effet trois petites marches qui descendent dans un porche fermé (celui-ci doit fournir un espace de rangement commode pour les outils, les bottes d'hiver...). Je me retrouve ainsi nez à nez avec une deuxième porte que mon accompagnatrice déverrouille.

Je ne suis pas déçue.

Le porche donne sur une curieuse petite cour. Grande comme une feuille, elle va buter contre le garage de la maison voisine. Enclose de haies élevées, non taillées et renforcées de clôtures défraîchies, elle a l'air de se cacher, morne, abandonnée. Le soleil ne doit y pénétrer que parcimonieusement car, hormis les haies touffues, il n'y croît qu'une végétation chétive : le squelette d'un arbrisseau qui arbore quelques frêles bourgeons, un reste de gazon pelé qui s'efforce de reverdir.

L'agente prend soin, quand nous quittons la maison, de me désigner le parterre entretenu devant la façade, où frémit l'or d'un rang de fraîches jonquilles.

Je suis retournée à la maison du parc Victoria avec Marion. Elle déborde d'enthousiasme et fait des tas de projets pour installer sa chambre et la mienne. Mais la petite cour a été détaillée d'un air boudeur : trop exiguë pour y planter une piscine!

Je viens de signer le contrat d'achat de la maison du parc. Sans commentaires.

Juin

Nous voici officiellement en été et je jouis de la vue sur le parc, qui déploie des arbres au port superbe et de splendides massifs de fleurs. Du balcon, j'entends le chantonnement de la fontaine. Le paradis. La fée Marion a pris possession de la maison et du parc (sa dépendance) et un essaim de petites filles s'y ébat, tous les jours après l'école. (L'école finit bientôt, vive les vacances!)

Il y a trois semaines maintenant que nous avons emménagé dans notre nouvelle demeure. Je ne regrette pas cette décision presque irraisonnée (ça ne me ressemble pas) : un coup de cœur! Tout me plaît dans cette maison, y compris cette drôle de petite cour à l'air morose, à laquelle j'ai entrepris de dispenser les premiers soins, avant même d'avoir fini de déballer les cartons. Mon frère Louis, qui m'a donné un sérieux coup de main pour le déménagement, m'a aussi aidée à arracher la clôture délabrée (merci, Louis, c'est bon la famille, surtout quand on est en manque de «chum») et j'ai taillé la haie. Ensuite je me suis mise en quête d'espèces végétales qui prospèrent à l'ombre. J'ai repéré, côté garage, des plants de menthe que j'ai engraissés et qui ont l'air bien établis. L'arbrisseau a fait des feuilles et a même fleuri, je ne sais pas encore à quelle espèce il appartient.

Aujourd'hui j'ai fini l'aménagement des plates-bandes où j'ai déversé quelques sacs de terreau et je les ai garnies de bégonias, d'impatientes et de coléus. Je projette aussi d'y faire pousser du muguet. Ma courette a l'air plus gaie et les oiseaux, attirés par les haies et la fraîcheur, y viennent volontiers. J'aimerais y mettre une vasque en terre pour qu'ils puissent s'y baigner et des mangeoires : mais ce serait faire de ma cour un guet-apens au profit de Judith! Je serai toujours déchirée entre la gent ailée et la gent féline...

En même temps que je rénove le jardin, j'aménage l'intérieur de la maison. J'ai muni les fenêtres de la «salle de musique» de stores vénitiens, après avoir renoncé (difficilement) à les affubler de rideaux de satin pour les accorder au rêve!... J'ai installé dans cette pièce mon bureau et la bibliothèque. Elle reçoit beaucoup de soleil, c'est l'endroit idéal pour y faire pousser des plantes tropicales.

Ce bureau et la cour sont un peu le cœur de la maison, avec la cuisine. Le bureau est un prolongement de la salle de séjour (pièce inexistante dans le rêve) qui donne sur l'entrée principale. Malgré l'absence de cette dernière pièce dans le rêve (et de quelques autres aussi : les salles de bains, la plupart des chambres de l'étage, ce qui n'a rien d'étonnant car un rêve est toujours sélectif) la concordance entre la maison et le rêve n'a pas fini de me troubler. J'ai d'abord pensé que le plan de la maison était suffisamment courant pour expliquer cette similitude, mais y ayant réfléchi, il m'a alors semblé qu'il n'était pas tellement habituel que l'espace du rez-de-chaussée soit divisé d'un bout à l'autre par le couloir. La porte d'entrée à l'arrière de la maison s'ouvre généralement sur la cuisine.

Il m'arrive souvent, en entrant dans ma courette, de m'interroger sur son rapport avec le secret de la porte du rêve.

Novembre

Presque un an et demi depuis notre emménagement dans la maison du rêve! J'ai retrouvé ce cahier en mettant de l'ordre dans les tiroirs de mon bureau. La maison a maintenant un troisième habitant : Marc, qui a surgi dans ma vie presque en même temps qu'elle. Notre rencontre est assez banale (mais une rencontre peut-elle être banale?), Marc étant un nouveau collègue de travail. Je suis très en amour, avec Marc et avec la maison, et je me sens très en forme. Oubliés les moments de cafard dont j'étais coutumière. Je jouis de la faveur céleste : puisse-t-elle m'être accordée longtemps! Ma fille aussi est en lune de miel : Marc est très attentionné, partage ses jeux et ses fous rires.

Cet été, Marc a voulu ouvrir la courette en abattant les haies mais je m'y suis opposée. Il prétend qu'elle ressemble à la cour d'un prieuré. Je l'aime bien comme ça, elle m'inspire!

Je n'ai plus rêvé à la maison depuis que j'y habite. Il semble que la porte au fond du couloir gardera son secret.

Février

Quelle date sommes-nous aujourd'hui? Les années ont passé, nombreuses, depuis les jours consignés dans ce cahier, bien que le temps ait paru fuir à tire d'aile. Judith nous a quittés il y a quelques années, après avoir été frappée par une voiture. Puis Marion, qui a migré vers le sud pour y faire son nid. La baguette du magicien a transformé ma petite fille en Belle de contes de fée, puis en femme. Quant à moi, me voici à cinquante-trois ans, bientôt grand-mère pour la seconde fois! Marion m'a fait la surprise d'arriver du Mexique où elle vit avec son mari Aldo et sa fille Sonia, avec un ventre fraîchement proéminent. N'ayant pas eu de frère, elle souhaite en donner un à sa fille; celle-ci est délicieuse, elle a les yeux et les cheveux noirs de son père et prétend appeler son futur frère «coquillage» ou, si c'est une fille, «mousse». Mais je ne sais pas si je verrai cette petite Mousse car je suis atteinte d'une tumeur maligne, la maladie de Hodgkin. Je suis des traitements de radiothérapie et de chimiothérapie mais la maladie semble avoir déjà atteint un stade avancé. Elle a progressé très vite, semble-t-il. Marc est toujours aussi attentionné et patient et m'aide beaucoup dans mes moments de dépression. Ces vingt ans de vie commune ont été vingt années d'amour et il est dur de le quitter. Je sais que mon absence lui sera douloureuse à vivre.

À ma demande, Marion a déniché ce cahier, après que la maison du rêve est revenue me hanter dans mon sommeil, il y a quelques nuits, vingt ans après les rêves notés cette fameuse année où j'ai acheté la maison du parc (où nous vivons toujours, Marc et moi). Je me suis retrouvée sans étonnement dans ma propre maison; celle-ci respirait comme les fois antérieures cet air d'abandon et de mélancolie qu'elle n'a jamais eu dans la réalité, même aujourd'hui où la vie y est ralentie par la maladie et par l'absence de Marion presque toute l'année.

Dans le rêve, je me tenais devant la porte fermée au fond du couloir et j'avais la certitude que le mystère qu'elle préservait allait m'être enfin révélé. Je me sentais calme devant cette révélation imminente, même s'il me semblait confusément l'avoir attendue toutes ces années; elle paraissait s'inscrire dans le cours normal des choses. La porte s'entrouvrit puis elle s'effaça complètement et je me trouvai sur le seuil d'un jardin. J'aperçus au milieu du parterre un rosier qui s'élevait, paré de fleurs blanches (ou bien peut-être était-il sur le point de fleurir). La terre dans laquelle était planté le rosier était fraîchement retournée. À l'instant je sus que ce rosier croissait sur une tombe, et que cette tombe était la mienne.

J'ai raconté ce rêve à Marion, lui expliquant tout ce qu'il signifiait pour moi : son mystère troublant il y a vingt ans, son rôle dans l'achat de la maison, mon entretien têtu de cette drôle de petite cour «de prieuré»; ma mort prochaine, pressentie peut-être, il y a vingt années? Je lui ai fait promettre que mes cendres seraient enterrées dans le petit jardin.

Symphonie nocturne

La première fois que c'était arrivé, elle était penchée sur un géranium dont elle venait de dégager la motte du sol, s'apprêtant à le mettre en pot pour l'hiver. Le géranium, soudain, fut gorgé de lumière, de ce pâle soleil d'automne, et la texture des pétales parut vibrer comme un épiderme soyeux d'un rouge-orangé éclatant. Solange s'immobilisa, médusée, les yeux écarquillés. L'odeur du géranium envahit en même temps ses narines, pénétrante comme une essence de parfum, mêlée à la senteur profonde de la terre. Les sens de Solange étaient éblouis. Ses yeux glissèrent sur le vert frais et velouté des feuilles saturées de vie, et le long des tiges dont elle distinguait les milliers de cils qui les enrobaient comme un fin pelage végétal. La plante buvait la lumière. Les teintes en étaient avivées, les tissus révélaient leur texture, chaque détail lui était perceptible. Un caillou accrocha son regard : Solange le prit délicatement pour l'observer. C'était un vulgaire caillou grisâtre, une de ces pierres dont on débarrasse la terre de culture. La lumière le sculptait comme un minéral précieux, faisait saillir les arrêtes, coulait sur les facettes polies. Elle saisissait chaque aspérité, l'éclairait en la grossissant et faisait chatoyer la pierre. Solange y découvrait les multiples nuances de gris, de brun et de jaune que rehaussait la clarté. Puis, soudain, le caillou s'éteignit. Il prit une teinte terreuse, uniforme, ne fut plus dans la main de Solange qu'une masse terne et sans vie. Elle le reposa doucement sur le sol.

Solange s'assit sur la pelouse, bouleversée. Elle pensa que l'altération de ses perceptions aurait pu être provoquée par des hallucinogènes, mais elle n'en prenait pas. Elle n'avait absorbé aucun médicament, ni aliment nouveau. Avait-elle respiré des substances toxiques accidentellement? Elle ne voyait pas lesquelles. Tandis qu'elle réfléchissait, essayant de comprendre ce qui avait pu causer le phénomène, elle était envahie d'une sensation d'émerveillement. Tout le reste de l'après-midi elle resta sous cette impression, comme lorsqu'on fait, la nuit, un rêve extraordinaire. Le phénomène n'avait duré qu'un instant mais les sens de Solange avaient atteint une telle intensité que le temps s'était arrêté, alors que le géranium, le caillou révélaient leur splendeur comme sous la clarté d'un microscope, que le végétal et la terre dégageaient l'effluve puissant de leur parfum.

Au cours des heures qui suivirent, l'émerveillement de Solange céda parfois la place à l'inquiétude, mais celle-ci ne dura guère. Au bout de quelques jours le souvenir de l'incident s'atténua comme l'impression laissée par un rêve. Jusqu'au jour où le phénomène se reproduisit.

Solange se faisait couler un bain. Le torrent d'eau qui s'échappait du robinet éclata soudain en une étrange et captivante symphonie; la buée qui montait de la baignoire, chargée de cette lumière qui transfigurait les choses, acquit une brillance presque palpable. Solange cessa presque de respirer pour s'emplir les oreilles de la musique tonitruante de l'eau et les yeux des volutes mouvantes de vapeur irisée. Puis la magie cessa.

Quelque temps après, Solange décida de subir un examen médical. Comment expliquer le phénomène au docteur? Elle en atténua les effets, décrivit une altération occasionnelle de ses perceptions, demanda un examen visuel et auditif. Celui-ci ne révéla rien d'anormal, ni les tests plus poussés à l'hôpital que lui prescrivit le médecin.

L'incident se répéta. Chaque fois, Solange, éblouie, demeurait sous une impression de ravissement durant des jours. Ses sens éclataient. Elle voyait, enfin, elle sentait et entendait vraiment. Bientôt la perception ordinaire de ses yeux, de son ouïe lui parut pauvre, limitée, terne. Les objets avaient une teinte fade, une forme grossière, banale. Elle ne vivait plus que dans l'attente que ses yeux s'ouvrent pour voir les choses comme elles étaient réellement, sans la ternissure qui voilait leur vie et leur beauté. Elle perdit le goût du travail, s'isola, dépérit. La vie lui devenait pesante et ennuyeuse. Elle fit quelques recherches sur les perceptions sensorielles, le paranormal, les hallucinogènes, ne trouva rien qui lui permit de comprendre ce qui lui arrivait. Elle se dé-sintéressa bientôt de ses recherches.

Un soir de novembre où elle se reprochait son manque d'énergie, sa lassitude (elle passait de plus en plus de temps au lit, n'ayant de goût pour rien, se fatiguant vite), elle décida de sortir se promener. Il ventait, le ciel était clair, brillant d'étoiles. Elle marcha jusqu'à un petit parc à dix minutes de chez elle, se remplissant les poumons de l'air tonifiant. Elle jeta un regard mélancolique à la fontaine vide et muette, admira les arbres dont la silhouette dépouillée se découpait dans l'obscurité. Le vent berçait les branches. La nuit, les choses lui apparaissaient plus belles que le jour, nimbées d'obscurité et de mystère. Elle s'assit sur un banc, fatiguée et indifférente au vent qui soufflait avec force, emmitouflée dans son manteau. Et soudain, la magie opéra. Le mugisse-ment du vent dans les branches se changea en une extra-ordinaire musique où se mêlaient les mélodies plaintives et pénétrantes des violoncelles et des violons aux voix puis-santes des orgues et du basson, et à celles, douces, des haut-bois. Le cœur étreint d'une sensation de beauté presque douloureuse, Solange ferma les yeux pour écouter et se laissa envahir par les sons.

Puis l'orchestre du vent se tut, se changea en un hulu-lement monotone.

Solange ouvrit les yeux et aperçut soudain une silhouette assise sur un banc à proximité. C'était un homme, immobile comme elle, qui semblait sortir d'un même rêve. Ils échangèrent un regard, demeurèrent assis sans parler, con-templant la nuit. Puis l'homme tourna la tête vers Solange et dit : «Vous avez entendu le vent?»

Solange répondit, surprise : «Oui.» Elle ajouta, hésitante : «C'était beau.»

L'homme se pencha en avant, à demi tourné vers elle dans l'obscurité :

«Alors vous entendez aussi?»

Solange le regarda. Elle le voyait mieux maintenant dans la clarté du lampadaire. Il était vêtu d'un grand manteau gris et son visage avait l'air long et maigre.

«Je ne suis pas sûre de ce que vous voulez dire, dit Solange. Il m'arrive d'entendre les choses différemment.

– Comme le vent, ce soir?»

Elle acquiesça de la tête, puis pensant qu'il la voyait peut-être mal, prononça : «oui.

– Cela vous arrive souvent? demanda l'homme.

– Quelquefois, dit Solange, étonnée de cette étrange con-nivence qui s'établissait entre eux.

– Et vous voyez aussi?

– Oui.

– C'est merveilleux, n'est-ce pas, dit son compagnon.

– Oui, répondit Solange; et elle respira plus librement.

– Alors, sans doute êtes-vous aussi... atteinte.» Il se rapprocha de l'extrémité du banc. «Je m'appelle Dominique. Moi, c'est le mal de cette fin de siècle, celui dont on n'ose à peine dire le nom.» Il marqua un temps. «Un de mes amis en est mort l'année dernière. Il a éprouvé les mêmes phénomènes. Il essayait de me les communiquer, mais ce n'est pas possible, c'est incommunicable. Quand j'ai commencé à les ressentir aussi, j'ai compris que j'étais au bout de la route.»

Solange, abasourdie, demeurait muette. Dominique poursuivit :

– Vous, c'est peut-être différent, un autre mal. Un ancien collègue de travail avait une petite fille atteint d'une grave maladie. Elle a éprouvé la même chose. Je ne sais pas si elle est morte... Je le suppose, dit-il après un moment. Quand on perçoit ces signes, on est arrivé au bout.

Il se tut quelques instants puis ajouta :

«Je crois que c'est assez fréquent, finalement, bien plus fréquent qu'on pense. Mais on n'en parle pas. Personne n'en parle. Ça fait peur. Pourtant c'est extraordinaire, n'est-ce pas; mais on dirait qu'il y a sur ce sujet une sorte de complot. Même les médecins se taisent.»

Au bout d'un moment, Dominique se leva.

«Il fait froid, dit-il. Ça m'a fait plaisir de vous rencontrer. Ça fait du bien de parler, parfois. Des fois on se sent un peu seul. Vous habitez dans le quartier?

– Oui, parvint à prononcer Solange.

– Eh bien, à une prochaine fois, peut-être.»

Il s'éloigna.

Solange demeura assise, figée et glacée. Un long moment passa avant qu'elle se lève, lentement, le corps lourd et raidi, et réussisse à se mettre en marche. Elle buta sur le trottoir. Quelques flocons de neige se mirent à tourbillonner.

L'ultime vertige

J'ai invité François-Aimé à m'accompagner ce soir au vernissage du peintre Rossignol. Il a accepté, je crois qu'il est curieux de faire la connaissance de Miushi. Je sais qu'il a aimé une Eurasienne, lui aussi, il y a longtemps – un demi-siècle pour le moins! – qu'il a connue en Argentine. Il faudra que je lui demande des détails sur cette aventure. Sacré grand-oncle! Il a fait le joli cœur autour du globe pendant la guerre, en débitant ses poèmes à la mode dans le beau monde. Quand j'étais gamin, déjà ce vieil aventurier me fascinait avec ses histoires. Il ne lui reste plus grand-chose de sa fortune qui a fondu d'un océan à l'autre, mais l'âge ne l'a pas rendu gâteux : son esprit pétille comme un verre de Perrier!

Mon amie est plus resplendissante que jamais. Elle a noué sur sa nuque («Ton cou a l'aspect de la Tour-de-David, bâtie toute ronde...») ses magnifiques cheveux noirs («... Tes cheveux évoquent un troupeau de chèvres dévalant du Mont Galaad.» Non, ce n'est pas tout à fait ça. Tes cheveux sont tissés du fluide de la nuit.). Ses yeux en amande dans son visage de lys en sont les étoiles.

Je me fraie un passage dans la foule des invités, pilotant mon grand-oncle. Miushi me voit arriver flanqué du vieillard et se dirige vers nous, sourire aux lèvres. Mais, à mesure que nous avançons, son sourire semble se figer, alors qu'elle fixe François-Aimé avec attention. Le vieil homme, qui soutient son regard, pâlit, son visage se décompose et il chancelle, ses doigts agrippés à mon bras comme des serres. Il a l'air vraiment vieux, soudain, gris et affaissé. Il s'assoit, prend le verre qu'on lui tend, le porte à ses lèvres; un peu de couleur semble lui revenir. François-Aimé s'excuse alors, confus : son diabète lui joue parfois de mauvais tours. Il mange du bout des lèvres une bouchée à la mousse de saumon.

Quelques instants après je demande un taxi, prie Miushi de nous excuser (je t'appelle plus tard, mon amour), nous sortons.

J'ignorais que mon sémillant parent souffrait de diabète. Il se garde bien d'aborder les maux de son âge, prétend qu'il est aussi vert que les raisins de la fable. Sa faiblesse de tout à l'heure le fait paraître soudain plus vulnérable, me touche.

Dès que nous arrivons chez lui, le vieillard se ragaillardit, s'enfonce dans son grand fauteuil de cuir et me demande de lui verser deux doigts de cognac pour lui remettre le cœur à l'endroit.

— Tu as cru dur comme fer que je suis diabétique? Foutaises, mon gars, j'enterrerai tout le monde! Sauf elle», murmure-t-il après un temps de silence.

Je me verse à mon tour un verre de cognac, attendant que François-Aimé s'explique. Mais il reste songeur.

— Si tu n'es pas diabétique, que veut dire ce malaise?

— Je connais ta Miushi. Cette femme est une énigme. Je l'ai rencontrée pendant la guerre; elle s'appelait alors Yohono.

Je le dévisage comme s'il avait soudainement perdu la tête – et c'est bien là mon impression.

– Tu crois que je divague? Tu fais erreur, mon gars. J'ai les idées bien claires. Assieds-toi. Yohono était artiste-peintre et possédait un commerce d'œuvres d'art. Elle avait un talent et un instinct remarquables comme collectionneuse, plus que comme peintre. Elle disait être née à Tokyo, de père anglais et de mère nippone.

– C'est cette femme que tu as connue à Buenos Aires?

– Oui... et revue à Paris quelques années plus tard. Elle est non seulement belle mais très intelligente. Et comme je te l'ai dit, c'est une énigme.

Je sens chez mon grand-oncle une réticence peu habituelle à évoquer ses souvenirs. J'insiste.

– Tu l'as aimée?

Il prend son temps :

– Oui, passionnément. J'étais jeune, alors, très jeune, et elle... comment dire, aussi jeune, du moins en apparence, mais avec un esprit...

Son regard me scrute.

– C'est le genre de femme qui déchaîne la passion. N'est-ce pas, mon gars?

Je comprends que s'il a perdu les pédales, c'est à cause de la ressemblance de Miushi avec cette Yohono. Je le lui dis (avec tact). Il se lève et va fureter un moment dans les tiroirs de son bureau, puis me tend une photographie. C'est un portrait en noir et blanc, bien contrasté, à peine jauni sur un bord, où je reconnais médusé le visage de mon amante, son sourire à peine esquissé, les amandes étincelantes de ses yeux, la masse fluide de ses cheveux avec une petite frange sur le front.

Je balbutie décontenancé :

– La ressemblance est frappante. N'était-ce la petite frange... le bord jauni de la photo, je croirais... Je comprends : il s'agit sûrement de sa grand-mère. Ça ne m'étonne pas que tu aies été bouleversé : on dirait son portrait vivant.

– N'est-ce pas, dit François-Aimé en s'enfonçant dans son fauteuil avec une soudaine lassitude, qui contraste avec ma propre excitation.

– Si Miushi est la petite-fille de Yohono, dis-je, ça explique la similitude de goûts et d'intérêts : son talent d'artiste et de collectionneuse, le premier moins remarquable que le second, c'est vrai, car elle ne peint presque pas. Elle a dû hériter ces dons de son aïeule.

– Sans doute, et aussi ce petit écart entre deux incisives qui signe – de façon charmante – son sourire.

L'étonnement me rend muet; j'observe la photo.

Il y a autre chose qui m'échappe : le père de Miushi est japonais et sa mère irlandaise. Or sa grand-mère semble avoir été une Eurasienne, comme elle-même. (Une Eurasienne donnant le jour à une Irlandaise? Ou à un Japonais. Rien d'impossible.)

François-Aimé paraît sommeiller, pendant que je digère une étonnante découverte : qu'à un demi-siècle de distance, mon grand-oncle et moi avons aimé la même femme, ou presque. Mais est-ce si surprenant? Ne partageons-nous pas aussi des goûts semblables? Il a été un poète à la mode; à mon tour je taquine la muse, une muse plus moderne qui ne craint pas de s'afficher sur l'écran de mon ordinateur. Il a couru autour du globe, je voyage en écrivant des histoires, attendant que la fortune me fasse signe!

Un peu plus tard, alors que je m'apprête à partir, François-Aimé marmonne quelque chose au sujet d'une goutte de café. Je remercie; mais ce qu'il suggère alors (rectifiant, amusé de ma méprise) me laisse interdit.

* * *

Comme le temps t'a ravagé, François-Aimé! Il m'a bien fallu quelques minutes pour te reconnaître : j'étais loin de m'attendre à un nouveau face-à-face, après t'avoir croisé deux fois déjà sur ma route! Comme les années t'ont dévasté! Tu es devenu presque méconnaissable. Il reste pourtant un je-ne-sais-quoi dans ton regard, un éclair qui l'a traversé peut-être : j'ai su que c'était bien toi. Tu as aussi gardé un peu de ta prestance, une élégance dans le maintien qui m'était familière alors que je te regardais traverser la salle en compagnie de Pascal. Mais ton visage, François-Aimé, ton corps affaissé de vieillard, quand tu m'as reconnue, ta main tremblante lorsque tu as saisi le verre que je te tendais! J'en suis encore toute remuée. Pourtant j'en ai vu vieillir des hommes, des femmes aussi, se métamorphoser sous l'atteinte des ans, décrépir et disparaître! Mais toi, François-Aimé! Toi autrefois si attirant! Tes yeux bleus tendres et moqueurs et tes cheveux blonds, comme ils faisaient des ravages en Argentine et autour du monde! Ton corps souple et puissant, comme mon corps en a gardé longtemps la nostalgie! Puis, te revoir à Paris, vingt-cinq ans plus tard, et à nouveau succomber, l'espace d'une nuit, au charme de ta cinquantaine. Les fils d'argent ne faisaient pas grisonner tes cheveux blonds, ils en adoucissaient l'éclat. Ton regard était toujours aussi clair et pénétrant, plus grave peut-être, et les petites rides autour de tes yeux te donnaient une émouvante fragilité. La maturité avait accusé certains traits de ton visage, la ligne des joues, la courbe du menton, et sans rien perdre de ta séduction, tu gagnais en mystère.

J'ignorais jusqu'à hier que Pascal est ton petit-neveu. Comment ne m'en suis-je pas douté? Il aurait pu être ton fils : mêmes yeux tour à tour gais et rêveurs, les cheveux plus indisciplinés, la bouche tendre et rieuse.

Quel sort étrange te jette encore devant mes pas, François-Aimé, pour la troisième fois, comme s'il ne suffisait pas que je t'aie tant aimé, et qu'aujourd'hui je te cherche encore à travers ton petit-neveu?

Quel destin cruel me lance au visage ta vieillesse, ta décrépitude alors qu'au fond de ma mémoire tu as toujours l'éclat inaltérable d'un ciel d'été?

* * *

Ce soir en attendant Miushi (nous devions aller au cinéma) j'ai trouvé dans sa bibliothèque un recueil de poèmes de François-Aimé, daté de 1942 et publié à compte d'auteur. Mon grand-oncle éditait ses poèmes pendant la guerre! Il était dédicacé de sa main à Yohono. J'imagine que Miushi a hérité ce volume de sa grand-mère, comme d'ailleurs une importante partie de sa collection; elle possède beaucoup d'ouvrages, rares parfois, en différentes langues, des années vingt aux années quarante (et tout autant de l'époque contemporaine).

Finalement nous ne sommes pas allés au cinéma. J'avais une envie furieuse de mon amante. La ressemblance extra-ordinaire de Miushi avec sa grand-mère, sur la photo, me trouble plus que je ne veux l'avouer. On jurerait ma maîtresse, transposée à une autre époque, avec le charme d'un maquillage démodé et sa petite frange. Cette allusion directe de François-Aimé à la goutte de café m'intrigue aussi : comment mon grand-oncle peut-il connaître l'existence de cette tache mutine – et sa position précise – qui éclabousse la peau de lys de Miushi à un endroit «stratégique»? Ce nævus est d'une espièglerie délicieuse. C'est aussi l'avis de François-Aimé, semble-t-il!

Depuis cette soirée, les confidences bizarres de mon grand-oncle me poursuivent et ces multiples coïncidences m'intriguent : Yohono, la photo, ce grain de beauté, les goûts communs des deux femmes. Bien que rien ne résiste à une explication rationnelle (même la tache de café peut être congénitale) je suis forcé d'avouer que j'ai de la peine à freiner mon imagination qui galope comme une pouliche débridée et à l'empêcher de se rallier à l'interprétation sénile de François-Aimé. Je me questionne, par exemple, sur la magnifique collection de porcelaines, pièces d'art moderne, bijoux, statuettes, acquise par Miushi sur trois continents, sans parler des tableaux et des livres; mais je divague. La sénilité est-elle contagieuse? Cette collection a pu être amorcée par l'aïeule de Miushi.

François-Aimé, pendant que je me débats pour ne pas perdre les pédales à mon tour, s'entête dans ses affirmations débiles et l'histoire tourne au ridicule. Il prétend maintenant que non seulement il a connu ma maîtresse pendant la guerre, mais qu'il l'a revue dans les années soixante à Paris. Cette fois il n'a pu produire de photo à l'appui (heureusement, ma raison n'y résisterait pas) mais il demeure convaincu que Yohono et Miushi ne font qu'une. Il n'est pas impossible, bien sûr, qu'il ait revu Yohono à Paris il y a une trentaine d'années et qu'elle ait su conserver une apparente jeunesse. Mais pour ce qui regarde mon amante, le vieux déraille.

Malheureusement je me laisse emporter par ses chimères comme quand j'avais six ans; et depuis je cherche obstinément sur le corps splendide de mon aimée une flétrissure, une atteinte de l'âge.

* * *

Depuis quelque temps – ce fameux soir où je me suis trouvée face à face avec F.A. – Pascal semble flairer quelque chose. Mon amant me couve parfois d'un regard soupçonneux, me lance des questions à l'improviste : sur ma grand-mère Yohono, ma connaissance des langues étrangères ou l'origine de tel bijou. Il m'a même demandé si j'étais déjà allée à Paris! Son œil défiant m'amuse et m'attendrit : il est si jeune et crédule! Il serait bien capable de croire ce vieux fou de F.-A. s'il lui prenait la fantaisie de faire des révélations! Les soupçons stimulent l'ardeur amoureuse de mon amant, je laisse donc planer un soupçon de mystère. J'aime sa fougue et sa passion, sa jeunesse me touche et elle est contagieuse.

Saura-t-il me protéger de l'Autre? de Rodriguez?

Il a refait son apparition hier. Après tant d'années, j'avais presque fini par l'effacer de ma mémoire. Il s'est présenté à la galerie alors que j'étais sortie et c'est Pascal qui l'a reçu. Il a demandé Yohono. Pascal a répondu que j'étais absente et il est parti en disant qu'il reviendrait.

Il est revenu. Par bonheur j'étais seule, Mylène travaillait dans une des arrière-boutiques. Je ne l'aurais sans doute pas reconnu sur le champ si Pascal ne me l'avait décrit (quand j'ai su qu'il avait demandé Yohono, je me suis douté que c'était lui). Il a changé d'apparence et de nom. Lui non plus n'a pas vieilli.

Il m'a demandé le tableau. J'ai failli me trouver mal; je m'y attendais pourtant. Ses yeux noirs brillaient comme des charbons ardents mais ses gestes et sa voix étaient calmes, posés; de sa nouvelle apparence sud-américaine il a pris jusqu'à l'intonation mélodieuse. Il est aussi fascinant que la première fois.

J'ai peur. Je n'ai pas défait l'emballage du tableau depuis des années. Je ne veux pas le regarder. Je ne veux surtout pas le revoir, lui. Il a pris le nom de Rodriguez. Comment lui échapper? J'ai peur qu'il n'y ait pas moyen, il m'avait prévenue qu'il reviendrait me réclamer le tableau; et maintenant il est là et il ne me lâchera pas. Gagner du temps : c'est tout ce que je peux faire.

* * *

Ce Rodriguez était encore là, hier soir, au Fujiyama. Qu'est-ce que ce type? D'où sort-il? Comment peut-il connaître tous les endroits où nous allons, Miushi et moi, et s'y trouver aussi? Hier, c'était au restaurant, il y a trois jours, au théâtre; la semaine dernière il était au Céleste et au Grenier. Il est clair qu'il nous épie et qu'il poursuit Miushi. Ce jeune importun est trop beau et audacieux pour être inoffensif. Pourtant il n'a pas encore abordé ma maîtresse, du moins en ma présence. Il se contente de l'incendier du regard, ce qui la rend nerveuse. Miushi m'assure ne l'avoir jamais rencontré. D'où vient alors qu'il lui fasse peur? Ce don Juan est à peine sorti de l'enfance, d'habitude elle ne se laisse pas intimider aussi facilement. Depuis quelque temps, quand elle entre dans un bar ou un restaurant, elle le cherche des yeux, comme une bête traquée. Ce Ramirez – ou Rodriguez – est un impudent de la harceler comme il le fait depuis deux semaines. S'il est encore là ce soir, je me chargerai de le lui faire savoir.

* * *

Depuis une semaine Miushi refuse de sortir, sous prétexte de travail ou de fatigue. Je ne suis pas dupe et me doutais que c'était ce Latino qui en était la cause (il passe pour Argentin au Céleste). Je supposais qu'ils s'étaient connus par le passé et que, pour une raison de moi inconnue, Rodriguez poursuivait mon amante. J'ai fini par exiger la vérité de Miushi. Depuis plusieurs semaines ma maîtresse vit dans la panique; en ce qui me concerne, j'étais dévoré de jalousie et de pitié suivant les jours. Miushi, que j'ai toujours connue maîtresse d'elle-même, ne se contrôle plus : la peur est dans ses yeux, imprègne son corps. Quand nous faisons l'amour – de moins en moins – l'odeur de sa peau exsude la peur. Je lui ai déclaré qu'elle ne pouvait plus me cacher la vérité.

Elle s'est assise, toute droite, pâle, ses longs cheveux tirés en arrière et a posé ses mains contractées sur ses genoux.

Elle a raconté une histoire étrange.

Il était une fois une fillette, au début du siècle, dans la ville de Tokyo.

Cette fillette avait une grand-mère à laquelle elle était très attachée. Celle-ci a souffert d'une longue agonie à la suite d'une maladie. Quand elle est morte, la fillette, terrifiée, s'est juré de ne jamais être vieille.

Quelques années plus tard, cette enfant, devenue adolescente, a reçu une formation artistique auprès de différents maîtres, est devenue experte dans l'art du haiku, de l'estampe et de l'aquarelle ainsi que de la musique. Puis, à la suite du grand tremblement de terre qui a secoué la capitale japonaise au début des années vingt et qui a englouti une partie de la fortune maternelle, elle a quitté Tokyo pour Londres où elle avait de la famille du côté de son père.

Peu de temps après son installation, elle a reçu dans son atelier une visite mystérieuse. C'était un oriental, jeune et très élégant, qui lui a demandé d'évaluer une toile d'un maître japonais dont elle n'avait jamais entendu parler. Le tableau lui a paru si beau qu'elle a voulu l'acheter, mais elle a trouvé le prix trop élevé. Le visiteur lui a proposé alors une curieuse transaction : il lui cédait le tableau; le prix lui en serait réclamé plus tard, quand il viendrait demander la restitution de l'œuvre.

Elle a accepté. Elle pensait qu'alors elle aurait fait fortune et pourrait régler sa dette sans se défaire de la toile.

* * *

Je ne compris pas pourquoi le tableau devait être restitué à son propriétaire même si j'en payais le prix. Mais j'étais sous le charme de cet homme, fascinée par sa beauté et la flamme de son regard. J'étais comme un oiseau captivé par l'éclair des yeux d'un magnifique félin. Pendant toute une année j'ai espéré son retour, rêvant de payer par l'abandon de mon corps à son étreinte. Sa séduction avait quelque chose d'inquiétant, de dangereux, mais j'étais subjuguée.

Au bout d'un certain temps, j'ai emballé la toile pour la protéger et voulu effacer de ma mémoire le souvenir de l'étrange visiteur. Un jour pourtant, en déménageant, j'ai eu la curiosité de revoir ce tableau voilé depuis tant d'années. Je ne le reconnus pas. Dans mon souvenir, un torrent dévalait la montagne entre des rives escarpées : j'avais été conquise par la vigueur du trait et des coloris. Quand je retirai le drap qui masquait la toile, le torrent assagi roulait ses eaux entre des berges ondoyantes et vertes. J'ai cru que mon souvenir déformait la peinture, pourquoi avais-je gardé cette image d'un torrent? Déçue, je l'ai remmaillotée dans son drap et ne l'ai plus regardée depuis.

Les années ont passé. Vint un moment où je me rendis compte que les gens qui m'entouraient vieillissaient, alors que je paraissais préservée des atteintes du temps. Dès lors, le rappel de la tractation au sujet du tableau m'est apparue plus menaçante; cependant je n'en comprenais pas encore bien l'enjeu. J'avais presque réussi à l'oublier quand mon étrange visiteur a resurgi. Il est revenu sous les traits de cet Argentin et malgré mes efforts pour l'éviter, pour gagner du temps, je sais qu'il ne me lâchera pas. Pourquoi n'avoir pas fui dès le premier jour? Partir avec Pascal comme il me l'a proposé? Suis-je à nouveau subjuguée au point d'être paralysée ou est-ce la certitude qu'il ne sert à rien de fuir, qu'il saura me retrouver où que je sois?

Pourquoi ne pas céder alors et aller à ce rendez-vous fixé? Mais le prix à payer, suis-je prête à le verser? Il m'a laissé si peu de temps, il est revenu si vite! Peut-être pourrais-je le convaincre, le supplier de m'accorder quelques années encore. Le temps a si vite passé!

J'ai peur, et personne vers qui me tourner. L'amour et la jeunesse de mon amant ne peuvent rien pour me protéger; et F.-A. n'est plus qu'un pitoyable reflet de ce qu'il a été.

J'ai peur; et pourtant il est aussi attirant que la première fois : la souplesse féline de son corps, la beauté de son visage sous les vagues sombres de ses cheveux, la courbe des lèvres, grave et douce... Douce! Ses yeux flamboyants n'ont-ils pas livré, en s'attardant sur moi, un éclair de tendresse?

La tentation de capituler. Céder à l'ivresse fatale de son étreinte, s'abandonner au poison grisant de ses lèvres. Je suis acculée. Il n'y a pas d'issue. Alors, se rendre à l'exigence mortelle de son désir, se livrer, demain soir, au vertige ultime de ses bras.

* * *

Miushi a rendez-vous aujourd'hui avec l'Argentin pour la restitution du tableau. J'ai l'impression de devenir fou, que nous sommes tous devenus fous : François-Aimé qui ne démord pas de sa version de l'histoire, Miushi qui semble lui donner raison et moi qui ai avalé cette fable de petite fille et de tableau sans piper mot. J'étais abasourdi par tant d'invraisemblance, bouleversé aussi par la pâleur de mon amante. Que faut-il penser? Si j'en crois ce récit abracadabrant, ma maîtresse avait déjà deux fois vingt ans quand elle a rencontré François-Aimé pendant la guerre; elle en aurait aujourd'hui... Tout cela est insensé. Et que signifie cette histoire de tableau? Cette tractation bizarre, ce prix à payer? S'il ne s'agissait que d'argent, Miushi serait-elle aussi ébranlée? À moins, peut-être, qu'elle ne prévoit y laisser toute sa fortune. Ce Rodriguez est-il le diable?

Depuis ce matin, je tourne comme un ours en cage en attendant un appel de mon amante. Toutes les dix minutes, je me plante devant mon ordinateur, mais c'est peine perdue. Vers quatre heures je n'y tiens plus et décroche le téléphone. La voix de Miushi me rassure. Son timbre est normal, tout s'est bien passé, dit-elle. L'entrevue a eu lieu, le tableau a été restitué tel que le stipulait le contrat. Rodriguez a réclamé une forte somme, très forte. Mais elle pourra la régler en revendant quelques toiles de prix. Miushi s'excuse d'avoir divagué la veille au soir. Oui, elle a été très impressionnée par la mort de sa grand-mère quand elle était enfant. À la suite d'un traumatisme crânien subi dans sa jeunesse (elle a eu un accident de voiture) il lui arrive d'avoir des accès de délire (rares, heureusement). Sa voix se fait fondante dans le combiné : excuse-moi, mon amour, si je t'ai effrayé. Non, ne viens pas ce soir, tous ces événements m'ont épuisée. Je voudrais me coucher tôt. Je te verrai demain. Je t'aime.

Soulagé et pleinement rassuré, je décide de sortir me promener pour évacuer la tension accumulée au cours de ces semaines. J'aboutis dans un MacDonald, c'est le genre d'endroit où je n'ai pas mis les pieds depuis presque un an. Je me demande ce que je vais faire de ma soirée. Je rôde longtemps dans les rues animées après avoir avalé mon mac-machin. Au bout de quelques heures, la marche contribuant à m'éclaircir les idées, je commence à me questionner sur la facilité avec laquelle s'est déroulée cette affaire avec Rodriguez, alors que Miushi semblait tant la redouter la veille. La transaction s'est conclue de façon relativement anodine, alors pourquoi tant de mystère, de panique? Miushi m'a-t-elle dissimulé quelque chose tout à l'heure au téléphone? J'hésite à passer outre à sa prière de ne pas la déranger. Mais tandis que je rumine ces pensées, mes pas de plus en plus pressés me conduisent devant l'élégant immeuble où elle habite. Je sonne, l'interphone reste muet; m'éloignant sans hâte, j'ai la chance de tomber sur un résident de l'immeuble qui me connaît de vue et à la suite duquel je m'introduis dans l'édifice. Parvenu au troisième étage, je frappe à la porte de Miushi : rien ne bouge à l'intérieur. Je frappe plus fort. Ma maîtresse doit être assommée par un somnifère. Obstiné, j'essaie d'ouvrir la porte, qui, à mon étonnement, cède sans difficulté. Cette négligence inhabituelle de mon amante renforce mon inquiétude. Pourtant tout est calme dans l'appartement. Sans bruit, je me dirige à tâtons dans la pénombre vers la chambre de Miushi et l'appelle doucement pour ne pas l'effrayer par mon intrusion. Mon inquiétude calmée par le silence ambiant et l'ordre des pièces, je souhaite seulement m'assurer de son sommeil. Mais sur le seuil de la chambre, je m'arrête, alerté : malgré l'obscurité quelque chose me frappe dans la position du corps étendu sur les couvertures, presque en travers du lit. J'actionne le commutateur.

La scène qui s'offre à ma vue, en pleine lumière, me glace d'effroi. Sur le lit de Miushi gît le corps d'une vieille femme. Elle paraît si âgée qu'il me semble n'avoir jamais vu un être aussi desséché, racorni. Je m'approche du lit, dominant avec peine ma répulsion. L'épouvante s'empare de moi quand je distingue dans le visage décharné les yeux légèrement étirés au-dessus des pommettes osseuses. De chaque côté de la tête pend une poignée de longs cheveux blancs, jaunâtres. Je veux fuir, mais mes jambes sont clouées au pied du lit et mes yeux horrifiés rivés sur le corps. Celui-ci est revêtu d'un peignoir de satin jaune appartenant à mon amante. Comme dans un cauchemar, j'approche la main du tissu soyeux, en écarte les pans, dévoilant l'abdomen nu. Je réprime mon envie de vomir : juste au-dessus du pubis, je discerne une tache, comme une pastille de café décolorée, sur la peau cireuse et flétrie.

* * *

Plusieurs semaines se sont écoulées depuis cette vision de cauchemar. Mes nuits sont encore hantées de fantômes hideux. Mon esprit torturé lutte contre la démence. Je ne me console pas de la disparition de mon aimée, son image me hante. De plus en plus je me persuade, accablé, qu'elle a fait une fugue avec l'Argentin. En essayant de reconstituer les événements pour en démêler les fils, j'ai revu la silhouette de Rodriguez s'effacer au coin de la rue lorsque je me suis approché, le soir du drame. Rodriguez s'est volatilisé ensuite sans laisser de trace. Quand au corps, ce ne peut être que celui de la vieille Yohono, au moins aussi âgée que mon grand-oncle, si ce n'est plus.

François-Aimé a été très secoué et a dû s'aliter. Ma sœur Janine m'a offert un voyage en Europe et s'est proposée pour m'accompagner. J'ai réservé des places sur un vol pour Paris : j'espère y rencontrer mon amante. Si elle n'est pas au rendez-vous dans la capitale française, je m'embarquerai pour Buenos Aires. Elle surgira dans la beauté radieuse de son éternelle jeunesse, ses yeux noirs en amande dans l'ovale délicat de son visage, sa chevelure de soie ondoyant sur ses épaules. Avec ou sans petite frange. Je ne doute pas que je finirai par la retrouver : je ne suis pas pressé. Le temps n'a pas de prise sur mon amour. Ni sur mon adorable amante.

Des crocus pour éveiller Cécile

Cécile vient de mourir.

Cécile avait neuf ans. Dans quelques jours on fêtera Pâques; avril est en train de naître de la dernière neige et les crocus ouvrent près du sol, sur leurs courtes tiges, leurs corolles mauves, blanches et jaunes, frêles annonciatrices des splendeurs que le printemps s'apprête à déployer sur les jardins.

Cécile est exposée sur son lit dans la chambre qu'elle partageait avec sa sœur Laura. Le lit est recouvert d'un dessus de coton blanc et le corps de la fillette a été revêtu de sa plus belle robe, celle qu'elle portait quelques mois plus tôt pour la fête de Noël. Un petit garçon silencieux contemple sa cousine et trouve qu'elle ressemble à Blanche-Neige. Dans la clarté douce d'une lampe de chevet, les rideaux fermés à la lumière du jour, Cécile repose, dans sa robe au corsage de velours rouge, ses longs cheveux bruns soigneusement peignés encadrant son visage lisse aux yeux clos. Elle est belle dans sa robe de fête, les jambes revêtues de bas blancs, contrastant avec les sandales noires, vernies, qui chaussent ses deux pieds posés côte à côte, sagement. Joël l'imagine prisonnière d'un cercueil de verre, princesse aux joues pâlies par le poison resté au travers de sa gorge; le cercueil de la jeune princesse a été transporté dans la forêt, sur une butte dans une clairière tapissée de mousse et Joël veille la fillette endormie sous le couvercle de cristal. Est-il le prince qui éveillera la petite morte? Ou le nain vigilant recueilli auprès de son amie? L'enfant observe le front blanc de sa cousine, les paupières baissées, les lèvres closes; il contemple le corps étendu dans une posture un peu solennelle, les deux mains croisées sur le corsage rouge qui éclate sur le lit immaculé comme une fleur blessée. Cécile ne se réveillera-t-elle pas comme la princesse des contes? Et s'il lui donnait un baiser? Il n'ose se pencher sur la bouche muette et chuchote le nom de sa cousine, dans l'espoir de voir trembler ses cils, frémir ses lèvres pâles.

Une main se pose sur son épaule et s'y appesantit, lourde de chagrin et de tendresse. Joël penche la tête sur la main parcheminée de sa grand-mère; il frissonne soudain de la sentir si vieille et vivante près de lui, avec son corps tassé par les ans, son cou flétri, son visage fané. Il regarde la fillette étendue aux joues amaigries mais douces et unies, contemple les membres graciles, les cheveux bruns et soyeux et s'étonne que la mort ait pris Cécile. Peut-être s'est-elle trompée? Il serre la main de sa grand-mère.

Et si Cécile n'était pas tout à fait morte? Si on la portait dehors au soleil, ne se réanimerait-elle pas à la chaleur de ses rayons, comme les narcisses qui sortent de la terre gelée, comme les marmottes qui se réveillent de leur long sommeil? Et s'il courait cueillir tous les crocus du voisin et la couvrait de fleurs, elle se mettrait peut-être à éternuer et se dégagerait en toussant et en riant?

La voix de sa grand-mère interrompt sa rêverie. Il est temps d'aller dîner. L'enfant laisse Cécile sous son linceul de fraîches corolles et s'assoit à la table familiale. Joël n'a pas très faim et la vision du jeune corps rigide dans sa robe de fête le poursuit. Cécile, étendue sur son lit, soudain s'anime et Joël s'aperçoit qu'elle est enfouie dans un amoncellement de feuilles d'automne. La fillette se relève brusquement dans un éclat de rire et lui lance un paquet de feuilles au visage, jaunes, pourpres, rubis. Les feuilles tourbillonnent comme une nuée de larges papillons et se posent sur ses cheveux et ses habits. Joël se jette sur sa cousine et les deux enfants tombent à la renverse sur le lit bruissant des feuilles; ils luttent en riant. Cécile, plus grande, a le dessus et étreint son cousin de ses membres agiles. Joël se souvient du poids de son corps robuste sur le sien et du trouble qu'il a ressenti. Le poids du corps de Cécile est celui d'un corps chaud et vivant.

«Dans une couple de semaines on pourra peinturer la clôture», dit le père dans un effort pour animer la table familiale. Laura parle des œufs qu'elle va peindre pour Pâques, elle aimerait reproduire les arabesques délicates des œufs ukrainiens. Pendant qu'elle évoque les coquilles aux riches couleurs, Cécile, debout, secoue sa jupe et essuie de la main son visage rougi par le plaisir du jeu. Puis elle se recouche dans le tas de feuilles et ferme les yeux, attendant que la mort vienne la prendre, dans sa robe au corsage écarlate.

Joël sait que quand une personne meurt, son âme s'envole et va au Paradis. Il se demande si l'âme de Cécile s'est déjà envolée. (Quand? Dès que son cœur a cessé de battre? Ou bien l'âme doit-elle chercher son chemin pour sortir et cela demande un certain temps?) L'enfant est de retour auprès de sa cousine et, laissé seul un moment, s'interroge sur le chemin qu'a emprunté l'âme pour s'échapper du corps. Il se figure une petite plume blanche errant dans le labyrinthe de chair en quête d'une ouverture pour se libérer et gagner le ciel. Le garçonnet scrute le visage de sa cousine, observant les orifices par où l'âme a pu s'évader. Il croit que celle-ci s'envole habituellement par la bouche, mais les lèvres de Cécile sont scellées. Et si l'âme était demeurée prisonnière du corps de Cécile? Inquiet, Joël imagine la petite plume duveteuse cherchant désespérément une issue et se heurtant aux lèvres closes de la fillette. L'âme s'affole comme un papillon en cage, rebrousse chemin et va se cogner contre les côtes; il lui faut absolument se libérer ou elle va s'asphyxier! Effrayé, Joël se penche sur le visage immobile de sa cousine et essaie d'introduire son doigt dans sa bouche; il veut desserrer les dents mais n'y parvient pas. Cependant l'âme s'agite en tous sens et l'enfant la supplie de rester tranquille jusqu'à ce qu'il lui fraie un passage entre les lèvres froides.

Joël, à demi couché sur la tête de la fillette morte, s'efforce de desceller ses mâchoires avec ses mains, lorsqu'un cri aigu, du seuil de la porte, le fait tressaillir. Une femme se précipite vers le lit, saisit l'enfant, le secoue violemment. Puis comme le garçonnet sanglote de frayeur, la femme le serre contre elle, la tête enfouie contre son ventre. Joël a de la peine à calmer ses sanglots et sa mère l'emporte, le berçant dans ses bras. Et quand, enfin, il peut expliquer son geste : «L'âme est déjà partie, le rassure sa mère, elle trouve toujours un chemin.»

La mère et l'enfant vont s'asseoir sur la galerie de bois devant la maison, serrés l'un près de l'autre dans une couverture. La brise fraîche rappelle que l'hiver est à peine fini et le soleil pâle se retire derrière un nuage. Blotti contre l'épaule maternelle, un petit garçon suit des yeux une plume duveteuse soulevée par le vent et qui monte dans le ciel, légère, avant de se perdre dans un filament ouaté de nuage.

Être une fleur

Être une fleur.

Je voudrais être une fleur.

Je n'aime pas la condition humaine.

La débilité est mon lot. Non mentale ou physique, mais psychique; je suis de ces êtres qui doivent leur survie à l'époque ou au milieu privilégié dans lesquels ils sont venus au monde. En un siècle plus rude, j'aurais été écrasée. (Ou peut-être me serais-je aguerrie? Et ma jeunesse protégée serait-elle plutôt cause de mon étiolement?)

Je n'en sais rien, mais je suis fatiguée. Accablée. Je traîne mon existence un jour après l'autre comme une tortue, avec sur le dos la montagne de mes angoisses, de mes peurs, de mes incertitudes. Ma vie est un misérable combat contre ces assaillants obscurs; chaque geste quotidien est une lutte; vaquer aux besognes essentielles (entropiques : toujours à recommencer) : l'entretien de la maison, la préparation des repas; faire une communication téléphonique; conduire l'auto (l'angoisse de décider de la route, de faire face aux imprévus). Me lever le matin m'est insupportable.

J'ai parfois l'envie de me suicider. Mais où trouver l'élan pour commettre un acte aussi définitif quand le geste le plus routinier est si difficile à exécuter?

Je rêve d'être fleur.

Le matin, je m'ouvre à la lumière du jour.

Je bois la rosée du ciel.

Je m'épanouis à la chaleur du soleil, élargissant ma corolle pour recevoir le miel de ses rayons. Le vent me penche à gauche, à droite, je courbe ma tige au gré de son souffle, la pluie m'habille de fraîcheur. Le soir venu, je referme doucement mes pétales.

J'aspire à cette vie végétale, immobile mais intense. Elle n'est en rien diminuée : enracinée, je suis tout entière sensations, chaque fibre de mon être est attentif, présent, comme ne peut l'être un organisme toujours en mouvement. Ma vie sera brève mais j'en goûterai pleinement chaque seconde.

Être fleur.

Une fleur modeste : le solennel glaïeul à l'épi floral éclatant ne me touche pas; je préfère la marguerite.

Madame la fée – infime fourmi qui escaladez un brin de gazon, vous êtes sûrement une fée – transformez-moi en marguerite.

Elle fut changée en pissenlit.

De justesse elle échappa à la tondeuse. Un enfant innocent, qui n'avait pas encore appris que les pissenlits sont de mauvaises herbes, fut captivé par son œil chargé d'or. Il la cueillit, puis l'abandonna un peu plus loin, sur l'herbe tendre. Elle en goûta la douceur avant de rendre l'âme.

La conférence muette

Elle partait à Shippagan donner une causerie littéraire.

Danièle avait mis un chandail beige et enroulé autour de son cou un foulard aux teintes d'automne, léger comme une brise. Son sourire disait le plaisir et l'anxiété, comme chaque fois qu'elle devait prononcer une conférence, l'anticipation joyeuse et inquiète, même si c'était de la routine.

Elle avait jeté dans l'auto sa grande sacoche de cuir fauve, fatigué, dont elle aimait le grain souple sous les doigts.

Denis avait lancé encore une fois du haut de l'escalier : bye, m'man, tu rentres ce soir? Il la dépassait maintenant d'une tête; elle avait répondu de l'entrée en décrochant son manteau de la patère : bye, mon grand, à ce soir! Danièle avait entendu aussitôt la mélodie du Sega, le son fort, un peu lancinant, rassurant du jeu. Elle partait pour une journée, Denis se débrouillerait bien seul : une causerie ordinaire.

Deux heures plus tard sur l'autoroute, vers midi, deux voitures entraient en collision.

Dans le sac de cuir fauve, une conférence muette.

Les feuillets parlent de la vieille femme dans l'œuvre d'Antonine Maillet. Expliquent l'aïeule.

Il fallait qu'elle connaisse la vieillesse très vite; Danièle avait dû mettre les bouchées doubles.

Tout apprendre de la deuxième moitié de la vie avant quarante ans.

Il y avait urgence.

Mourir au printemps

La vie lui était devenue pesante. Elle caressa l'idée du suicide, compara différents moyens de se donner la mort et opta
pour la noyade. Un matin (pourquoi attendre le soir pour
quitter la vie?) elle alla vers le fleuve qui roulait ses grosses
eaux de printemps, charriant encore des débris de glace sale.
D'un point élevé de la berge, elle se jeta dans le courant. Un
joggeur courait sur la rive, enivré de vent printanier. Il la vit
se débattre dans le fleuve, s'y lança à son tour et parvint à
l'agripper dans les eaux froides et gonflées. D'une brasse
vigoureuse, il la ramena sur la berge. «Pourquoi mourir au
printemps?» dit-il. Un automobiliste leur tendit une couverture
et les conduisit jusqu'à la chambre d'étudiant du garçon. Elle
y resta, ils s'aimèrent jusqu'à l'été. Elle découvrit alors
qu'elle était séropositive : son sauveur lui avait transmis le
virus. Elle mourut l'année suivante, au printemps.

Table des matières

Achevé d'imprimer en octobre 1994 chez

à Boucherville, Québec
00241